SPARK

일러두기

1. 미술 작품명, 영화 제목, 강연은 「 」로 표기했다. 예) 「모나리자」
2. 도서명은 《 》, 작품명은 〈 〉로 표기했다. 예) 《스파크》, 〈방문객〉
3. 언론사 혹은 잡지는 『 』로 표기했다. 예) 『LA타임스』

내 안에 숨겨진 생각의 불꽃을 터트려라!

SPARK
스파크

송인혁 지음

생각정원

| 들어가며 |

연결하면, 열정이 스파크한다

1

'내가 늙은 여자가 되면, 나는 보라색 옷을 입고 빨간 모자를 쓰겠노라.'

수 엘런 쿠퍼Sue Ellen Cooper는 이렇게 시작하는 제니 조셉Jenny Joseph의 시 〈경고Warning〉를 읽자마자 전율을 느꼈다. 황혼을 이토록 아름답게 위로하고, 따뜻하게 긍정하는 말을 어디서도 들은 적이 없었다. 그녀는 친구의 생일날 빨간 모자와 함께 시를 써 보냈다. 깊이 감동한 친구 역시 가까운 사람들에게 같은 선물을 보냈다. 그렇게 교감한 10여 명이 한자리에 만나 티 파티를 열었다. 보라색 옷을 입고 빨간 모자를 쓰고 등장한 상기된 표정의 그녀들은 진한 감동과 끈끈한 동질감을 느꼈다.

수 엘런의 감동과 실천은 나이 들어가는 현실에 지치고 외로워하던 많은 여성들의 삶을 일으켜 세우고 공감하며 위로했고, 나아가 자발적인 동참으로 이어졌다. '자신의 나이를 기쁘게 받아들이고 연대감을 소중히 여기는 것'을 신조로 하는 50대 이상 여성의 모임으로 시작한 레드 햇 소사이어티의 탄생은 이러했다. 이후 인터넷이 일상화되면서 소사이어티에 관한 정보가 순식간에 전 세계로 확산됐고, 지부를 개설하고자 희망하는 지역 및 나라마다 모임을 조직하면서 2006년 들어 4만 1,000개의 세계적 지부를 가진 여성 단체로 급부상했다. 매년 4월 25일이면 세계 곳곳에서 보라색 빨간색으로 거리를 물들인 중년 여성들의 열정적인 축제가 열린다.

2

내 삶은 TED를 만나면서 완전히 달라졌다. 처음 TED를 만났을 때의 충격은 감동 그 자체였다. 전 세계에서 모인 열정가들의 들끓는 에너지와 뒤섞여 세상의 변혁을 이끄는 지식이 탄생하는 순간을 직접 목격하면서 나는 내 안의 무엇인가가 꿈틀거리는 것을 느꼈다.

TED 강연을 시청하던 중 나도 열린번역 프로젝트에 참가해 세상을 선도하는 지식과 가치를 사람들에게 전하고 싶다는 생각을 했다. 첫 번역물이 「두 다리가 없는 수퍼우먼 에이미 달리다」였다. 선천적으로 두 다리 없이 태어났지만 일반인보다 더 열정적으로 살며 자신에게 주어진 소명을 다하는 에이미의 사연은 정말 멋지고 감동적이었다. 한국어 자막의 이 강연은 웹에 올라가자마자 삽시간에 확산됐다. 하지만 그때까지만 해도 이 일이 내 삶과 어떤 관련이 있는지 깨닫지 못했다.

그러던 중 《나는 멋지고 아름답다》에 소개된 한국절단장애인협회장으로 활약하는 김진희 씨의 이야기를 보았다. 한때 교통사고로 다리를 잃고 절망한 나머지 생을 포기하다시피 했던 그녀에게 삶의 희망과 의지를 준 결정적 계기가 바로 내가 번역한 에이미 멀린스의 TED 강연이었다고 했다. 나의 작은 실천이 누군가의 미래를 바꿀 수도 있구나! 나는 뒤통수를 세게 얻어맞은 기분이었다. 그제야 TED의 가치를 진심으로 절감했다.

제러미 리프킨 교수가 눈을 반짝였다.

"$E=mC^2$, 정서와 C에 관한 에너지 법칙 등 대단히 흥미로워. 내가 전작《엔트로피》를 통해 하고 싶었던 이야기라네!"

롯데호텔에서 제러미 리프킨 교수를 만나자마자 나는 최근 몇 년 동안 경험했던 다채로운 사건들을 펼쳐놓았다. 그리고 이것을 어떻게 설명해야 할까 오랫동안 고민하다가 결국 누구나 익히 아는 에너지의 상대성이론 법칙인 $E=mc^2$을 빌려 정의를 내렸다고 설명했다. 내 이야기가 진행될수록 제러미 교수의 몸이 점점 내 쪽으로 기울었다. 그가 공감하는 듯하자 나 역시 신이 나서 더 많은 이야기를 풀어냈다.

그날 제러미 교수와 나눴던 대화의 핵심은 정보와 지식의 시대 그 너머에 무슨 일이 펼쳐지고 있는가였다. 그리고 우리는 시대적 과제에 답할 새로운 관점이 필요하다는 데 공감했다. 소셜미디어가 소통을 증대시키고 나아가 세상을 바꾼다는 식의 설명은 이미 일어난 일들을 일반화하는 데 불과하다. 지금 필요한 것은 왜 세상이 이렇게 변화하는지에 관한 근본적인 이유를 발견하는 일이고, 이것이 앞으로 세상을 그리고 삶을 어떻게 바꿀 것인지에 대한 누구나 공감할 수 있는 논거다.

지금 세상은 어느 날 갑자기 모든 것이 달라지기 시작한 듯 보인다. 마치 새로운 우주적 법칙이 탄생한 것처럼 시공간의 개념조차 새롭게 정의해야 하는 상황과 직면했다. 이제 현실과 가상은 분리할 수 있는 세계가 아니다. 이어령 교수가 디지털과 아날로그를 더 이상 구분할 수 없는 시대로 진입했다고 정의하며 디지로그Digilog 선언을 했던 것이 엊그제 같은데, 이제는 남궁연 디렉터가 말한 대로 그 경계가 완전히 녹아내린 다이얼로그Dialog 시대가 도래했다. 예컨대 CD를 소장하는 것은 향수를 불러일으킨다. 그런데 사실 CD는 디지털 정보를 저장하는 디지털 매체가 아니던가. 이제 CD는 디지털이라는 개념이 무색한 다른 무엇이 돼버렸다.

이쯤에서 질문 하나. 앞서 언급한 레드 햇 소사이어티의 사례와 내 경험의 공통점은 무엇일까? 짐작했겠지만 다이얼로그 시대이기에 가능한 소통이자 교감이며, 실천이자 변화다.

다이얼로그로 대변되는 새로운 시대의 기술 발달은 정보를 넘어 소통을 요구한다. 사람과 사람 사이의 거리는 지극히 가까워졌고, 정서적 동질성을 갖는 사람들과 거대한 에너지를 만들어 세상을 뒤흔든다. 그리고 시간의 개념까지 바꾼다. 이제 미래는 막연히 멀리 있지 않고 곧 실현될 현재처럼 느껴진다. 과거와 현재와 미래가 마치 하나의 점에 모이는 듯한 착시 효과를 불러일으킨다.

그럼에도 많은 사람들이 시대적 변화를 실감하지 못한다. 설령 변화의 기운을 감지하더라도 세상을 움직이는 새로운 흐름 운운하는 것은 탁월한 소수에게나 해당할 뿐 평범한 자신과는 동떨어진 별개의 일이라고 치부한다.

단언컨대 결코 그렇지 않다. 지난 2011년 12월, 일반 시민들이 자발적으로 참여해 위안부 할머니들께 '희망승합차'를 마련해드린 일을 기억할 것이다. 시작은 '미디어몽구'라는 이름으로 트위터에서 활동하는 김정환 씨였다. 그는 위안부 할머니들이 이용하는 승합차가 낡고 잔고장이 많지만 여유가 없어 바꾸지 못한다는 안타까운 보도를 접했다. 자동차 회사에 후원을 요청했지만 회사의 이미지와 맞지 않다는 이유로 거절당한 뒤였다.

처음에는 승합차를 기부해줄 사람을 찾기 위해 트위터에 글을 올렸다. 그러자 "우리가 돈을 모아서 사드리자"는 제안이 쏟아졌고, 결국 계좌를 개설했다. 트위터 이용자들은 '희망승합차' 모금 계좌를 퍼 날랐고, 계좌를 개설한 지 하루 만에 500만 원이 모였다. 기적 같은 마법을 만든 주인공은 평범한 시민들이었다. 소셜 네트워크가 만든 '마법'의 대표 사례다. 많아지면 달라지고, 뭉치면 강해진다.

이처럼 정보가 넘쳐 홍수가 나자 신기한 일이 일어났다. 그 안에 매몰돼 보이지 않던 사람들이 수면 위로 드러났고 서로의 관심사에 따라 연결을 시작했다. 불과 몇 년 만에 인터넷은 정보의 바다에서 사람의 바다로 변모했다. 정보는 사람의 뒤에 붙어 따라왔다. 하루 동안 접하는 많은 정보의 대부분은 지인이 전해준 것이며, 신뢰를 기반으로 한다. 인맥, 브랜드, 노출 같은 비인간적인 정보를 기반으로 하던 많은 가치들이 이제 신뢰, 평판, 피드백 같은 인간적인 정보를 기반으로 하는 가치로 바뀌었다. 과거에는 설득하기, 호감 주기를 강조했지만 지금은 경청하기^Listen^, 인연 만들기^Engage^, 상호 교감하기^React^가 중요해졌다.

무엇보다 내가 부재한 우리^We^가 아니라 개개인이 중심인 '새로운 우리^MeWe^'의 시대로 접어들었다. 제품이나 서비스를 구매하는 소비자^Customer^에서 유저^YOUser^, 곧 사용자의 시대가 대두된 것도 같은 맥락에서다. 이것이 소셜 테크놀로지의 핵심이다.

나는 지난 몇 년 동안 세상을 움직이는 지식과 가치가 탄생하는 현장을 둘러봤다. 열정의 불꽃들이 저마다의 빛깔을 자랑하며 타오르고, 작은 고백이 서로에게 영감을 제공해 감동적인 창조로 이어지며, 다양한 아이디어들이 서로 엉키고 섞이며 내일의 희망을 발견하는 곳은 바로 TED와 SXSW다. 거기서 나는 정보와 지식의 시대 그 너머에 펼쳐지고 있는 것이 무엇인지 조금은 확인한 듯싶다. 이 책은 미래지향적이고 지속가능한 지식과 가치의 중심에서 경험한 감동과 희망의 보고서다.

당신은 이 책이 담고 있는 통찰뿐 아니라 정서를 발견하고 스스로 마음이 움직이는 것을 경험할 것이다. 사람 사이에 퍼져나가는 진짜 가치가 무엇인지 깨달을 것이다. 내적 동기에서 우러나오는 작은 참여와 진정한 지지가 혁명을 이끌어내고 세상을 바꾼다는 사실을 목격하게 될 것이다. 그리고 그 모든 열정과 창조는 내 안이 아니라 우리 사이에서 나온다는 진실과 마주하게 될 것이다.

자, 이제 마음의 준비를 하자. 이 장을 넘기는 순간부터 지금 우리가 발 딛고 선, 엮이고 들끓고 넘치는 세상을 숨 가쁘게 달려야 한다. 그리고 여정의 끝에서 우리는 다시 만날 것이다.

차례

도무지 가늠할 수 없는 속도로 발전하는 기술, 마치 비웃기라도 하듯 모두의 상상을 가뿐히 뛰어넘는 새로운 생각, 좀처럼 따라잡을 수 없을 것 같은 폭발적인 열정…. 지금 우리가 살고 있는 세상은 '살고 있다'는 말이 무색할 만큼 좀처럼 파악되지 않는 변화와 혁신의 세상이다. 그런데 왜 내게는 이토록 창의가 어려울까? 왜 우리에게는 열정이 없을까? 그 이유는 새로운 세상에 걸맞은 새로운 에너지를 찾지 못했기 때문이다. 창의와 열정은 세상에 발맞춰 변모하고 발전한다. 진정한 창의와 열정을 갈구한다면, 시작은 지금 세상이 어떻게 돌아가고 있는지, 세상에 대한 이해에서부터 시작해야 한다.

PART 1
열정의 탄생

Chapter 1

도대체 무슨 일이 벌어지고 있는가
: 디지로그의 종말

'지금 무슨 일이 벌어지고 있는 거지?'

2012년 3월, 'TED 2012' 현장을 찾은 나는 그야말로 가슴이 터질 것만 같았다. 미국 전역을 돌아다니는 내내 이 물음이 머릿속을 맴돌았다. 로스앤젤레스, 롱비치, 팜스프링스, 샌프란시스코, 오스틴으로 지역을 옮겨가며 평생토록 만날까 말까 한 수많은 사람들을 단 몇 주 만에 모두 만났다. 일생에 한 번 볼까 싶은 유명인들과 지겨울 정도로 많은 이야기를 나눈 시간. 마치 꿈을 꾸는 듯, 도무지 믿기지 않는 세상이 눈앞에 펼쳐졌다. TED 2012는 '새로운 세상'의 실체를 보여주었다. 마치 세계적 변화와 혁신을 응축해놓은 현장 같았다.

TED 컨퍼런스는 확산 가치가 있는 아이디어를 세상에 전파하자는 취지를 담고 있다. 이번 컨퍼런스에 참가하기 위해 전 세계 65개국에서

2,000명이 넘는 사람들이 롱비치와 팜스프링스로 모여들었다. 마치 신흥 종교 집단의 부흥회를 보는 듯했다. 수천 명의 사람들이 새벽 6시에 모여 다음날 새벽 1~2시까지 이야기를 쏟아내고 주고받고 흡수했다. 세계 최고의 지성인들이 또는 세상의 가장 낮은 곳에서 죽을 고비를 몇 번이고 넘긴 이들이 무대에 올라 자신의 전 생애에 걸쳐 이루어낸 열정을 발산했다. 관객들은 미친 듯이 기립박수를 치고 환호하며 함께 눈물을 흘렸다. 지금껏 단 한 번도 만난 적 없던 사람들이 마치 평생을 함께 한 동지처럼 어깨를 감싸고 미래를 다짐했다.

그곳에는 놀랄 만큼 거대하고 무궁무진한 혁신들이 넘쳐났다. 환경과 에너지에서부터 정치, 경제, 교육까지 분야도 다양했다. 우주는 하나가 아닌 여러 개가 존재하며, 심지어 이것들이 겹쳐 있음을 밝힌 '초끈이론superstring theory'에서부터 음속의 22배를 돌파하는 무인항공기 개발에 관한 논의까지 펼쳐졌다. 작은 비행 로봇 수십 대가 편대비행을 하며 건물을 지어 올리는 기술, 인간과 거의 구별이 되지 않는 인조인간 '제미노이드Geminoid'도 소개됐다. 과학자들은 실패를 데이터라고 부르는 데 반해 우리는 실패를 너무도 두려워하는 환경에 둘러싸여 있음을 지적하며 우리의 내적 열정을 불태울 방법에 관해 의견을 나눴고, 인류의 진보를 이끌어낸 인물 중에는 외향적인 사람보다 신중하고 내향적인 사람들이 많았다는 연구결과도 발표됐다. 내 평생에 만날 일이 있을까 싶은 유명인들을 단독으로 만나고 몇 시간 동안 목소리가 쉴 정도로 자신의 열정을 전달하는 모습을 볼 때마다 나도 모르게 눈물이 흘러내렸다.

생각, 통찰, 아이디어, 창조 그리고 열정의 에너지! 너무나도 많은 생각과 아이디어, 경험에 노출되다보니 머리가 지끈거릴 지경이었다. 동시에 머릿속을 떠돌던 수많은 숙제들이 새로운 생각과의 만남을 통해 마침내 돌파구를 찾아내고 있음을 느꼈다. 온몸에 전율이 감돌았다.

하지만 이것은 시작에 불과했다. 뒤이어 4만 9,000명이 넘는 사람들이 미국 남부의 조용한 도시 오스틴으로 모여들었다. 바로 미디어산업 컨퍼런스 및 엔터테인먼트 페스티벌인 SXSW[South By South West]의 현장. 교육의 혁신을 꾀하고자 하는 열정가들은 새로운 학습법을 갖고, 세상을 뒤흔들 야심찬 꿈을 가진 창업가들은 지금껏 없었던 기술과 서비스를 들고, 대중에게 감동과 충격을 안기고자 하는 예술가들은 누구도 생각하지 못한 창의적인 작품을 품고 한자리에 모였다.

2주 동안 전 세계를 이끌고 있는 혁신가들이 자신의 경험과 노하우, 통찰을 아낌없이 풀어내고 1,000여 회의 발표가 이루어졌다. 어디를 가나 사람들로 넘쳐나고, 아침부터 밤까지 도시 전체에 각종 파티가 벌어졌다. 실시간으로 비공식 모임과 파티 정보를 공유하는 사이트까지 등장했다. SXSW는 세상에 한 번도 선보인 적 없는 것들이 새로운 도전을 벌이는 격전지였다.

한국으로 돌아와 숨 가빴던 경험을 찬찬히 돌아봤다. 수많은 사람들은 곧 수많은 지식이자 수많은 생각, 수많은 경험, 수많은 열정이었다. 그 무수한 지식, 생각, 열정이 오가고 모이고 대립하는 와중에 또 다시 새로운 지식, 생각, 열정이 즉석에서 탄생했다. 마치 거대한 팝콘 기계 같았다. 옥수수라는 아이디어의 재료가 열이라는 열정과 만나 무수한 팝콘들이 팡팡! 터져 나왔다. 우리가 그토록 갈망하고 애써도 선뜻 손에 잡히지 않던 창조가 그곳에서는 너무도 쉽게 일어났다. 당근을 썼다 채찍을 들었다 어르고 달래고 별수를 다 써봐도 좀처럼 불타지 않던 열정이 그곳에서는 오히려 너무 끓어 넘쳐 문제였다.

단지 그곳에서만 가능한 일일까? 그곳에서 어떤 마법이라도 작용한 것일까? 아니다. 창조와 열정은 지금 여기서도 얼마든지 가능하다. 사실 지금 전 세계는 새로운 에너지와 열정, 지식과 정보로 들끓고 있다. 사람들은 그 어느 때보다 깨어 있다. 작은 이슈 하나에도 수많은 사람들이 뭉쳐서 집단여론을 형성하고 어떻게든 변화를 꾀하고자 행동한다. 환경 문제나 기아, 질병, 폭력을 함께 해결해보자는 행사에 90여 개국의 사람들이 인터넷을 통해 참여하고 아이디어를 공유한다. 한 나라의 경제와 정치 문제에 지구 반대편에 있는 사람들까지 연대해 의견을 개진한다.

혹자는 이것을 SNS 파워라고 이야기하고, 또 다른 혹자는 스마트폰의 보급 덕분이라고 설명한다. 한꺼번에 많은 사람들이 정보를 공유하고 전파하기 좋은 수단들이 우리의 생활에 파고든 결과라는 것이다. 하지만 이것만으로는 충분하지 않다. 지금 세상을 휘감고 있는 변화의 이면을 총체적으로 이해할 수 있는 보다 합리적인 설명이 필요하다. 나는 이 책을 통해 지금 세계가 당면한 거대한 변화를 새로운 방법과 관점으로 제시하고자 한다.

중요한 점은 지금 우리가 겪고 있는 상황들이 기술의 변화가 만들어낸 현상이 아니라 기능적 역할로만 연결돼 있던 우리들 각각의 내면적 정서가 연결되면서 일어나는 변화라는 점이다. 지금부터 여러분은 내

주변의 국지적인 일들을 통해서가 아니라 세계적 관점에서 사람들이 어떻게 서로 엮이고, 그래서 어떻게 들끓고 넘치는지를 목격하면서 이전에 보지 못했던 것들을 비로소 발견하게 되는 경험을 할 것이다. 이제 그 여정으로 출발하자.

"내 이야기 듣고 있는 거야?"

상대의 목소리가 높아지고 나서야 깜짝 놀라며 "아, 미안. 미안" 사과를 한다. 함께 식사하러 나온 자리에서 스마트폰으로 이것저것 살펴보느라 대화에 집중하지 못한 것이다. 하지만 이것이 어디 나만의 실수인가. 일을 하다가 밥을 먹다가 무의식적으로 스마트폰을 들고 앱을 실행시키는 자신을 발견한 경험이 누구나 있을 것이다. 여러 사람이 한자리에 모여 앉아서도 각자 스마트폰을 들여다보느라 적막이 감돌 때가 있다. 마치 유체이탈처럼 몸은 이곳에 있으나 정신은 다른 데 가 있는 상태다.

그러고 보니 최근 들어 어느 하나에도 온전히 집중하지 못하는 자신을 깨닫는다. 직장은 물론 연애나 가정생활에도 문제가 발생한다. 연인들은 특히 불만이 많다. 친구들에게 '그/녀와 함께 있어도 외롭다' 고 불평을 토로한다. 정작 불만의 대상을 앞에 두고 친구에게 카카오톡 메시지로 말이다.

MIT 기술사회학과의 셰리 터클Sherry Turkle 교수는 우리가 맞이한 세상을 '다함께 홀로Alone Together인 시대' 라고 선언했다. 그녀는 저서 《외로워지는 사람들》을 통해 인류 역사상 그 어느 때보다 많은 사람들과 연결돼 있지만, 반면 정서적 연결은 가장 약하다고 지적한다. SNS를 통해 다수의 사람들과 사적인 정보들을 자유롭게 개방하고 적극적으로 공유하는 새로운 일상의 조류가 형성됐지만, 정작 배우자나 가족 같이 내적으로 가까운 사람들에게는 오히려 노출을 꺼리고 감추려 한다는 것이다.

피곤하다며 먼저 침실로 들어간 남편이 페이스북Facebook을 통해 여러 사람들과 활기차게 대화하고, 심지어 과거에 교제했던 이성과 쿨하게 메시지까지 주고받는 것을 보면 화가 머리끝까지 솟는다는 푸념들은 이제 전혀 새롭지 않다. 이것은 우리가 일찍이 겪어본 적 없는 완전히 새로운 관계다. 소통의 패러다임 자체가 뒤바뀔 정도로 우리의 일상에 큰 변화가 일어나고 있다는 뜻이다.

TED와 SXSW가 보여준 놀라운 혁신의 현장, '다함께 홀로'로 대변되는 신종 관계의 탄생. 도대체 무슨 일이 벌어지고 있는 것일까? 세상이 어떻게 돌아가고 있는 것일까?

이제 우리는 새로운 세상으로 넘어가고 있다. 단지 기술적 변화에 관한 이야기가 아니다. 지금 벌어지는 현상에만 집중할 경우에는 변화의 본질을 제대로 파악할 수 없다. 한 발짝 물러나 거시적 관점에서 바라보면 거대한 변화의 실체를 목격하게 된다. 이것은 우리 자신에 관한 이야기다. 우리의 내면에 있는 본능과 욕구, 열정과 창조 에너지의 봉인이 마침내 풀리는 새로운 시대에 관한 논의다. 세상의 흐름을 읽는다면 세상의 에너지를 내 것으로 만드는 일도 가능하다. 그토록 갈망한 창의와 열정의 에너지로 나 자신을 충전할 수 있는 것이다.

'외로움'이라는 판도라의 상자

혹시 '인생학교The School of Life'◆를 아는가? 이 독특한 이름의 학교는 2008년 여름, 베스트셀러 작가 알랭 드 보통Alain de Botton이 지인들과 함께 설립했다. 실제로 학생을 받아 수업도 진행한다. 인생을 가르치는 학교인 이곳에서는 어떤 수업이 이루어질까?

인생학교의 교육철학은 학교가 멀리 있는 게 아니라 바로 우리 삶의 한가운데 있어야 한다는 것이다. 따라서 주요 과목 역시 회사생활, 인간관계, 정치, 여행, 가족 등 일상생활에서 겪는 주제들이다. 학교라면 진저리를 치던 사람들이 마침내 학교를 떠나 성인이 된 후 다시 이 학교를 찾는다. 인생학교는 삶이 끊임없는 배움의 연속이라는 사실을 단적으로 보여주는 사례라 하겠다.

이 학교에서 특히 인기 있는 수업은 '혼자 시간을 보내는 방법How To Spend Time Alone'과 '홀로 고요히 있는 방법How To Stay Calm'이다. 혼자 있는 법을 배울 만큼 사람들이 혼자이길 원한다고 생각할 수도 있지만 실상은 전혀 그렇지 않다. 혼자 있는 법을 배우고자 하는 의지에는 역설적으로 혼자이길 두려워하는 심리가 담겨 있다. 사실 인간의 욕구 중 가장 큰 것이 외로움을 극복하고자 하는 욕구다. 일찍이 덴마크 철학자 키에르케고르는 '고독은 죽음에 이르는 병'이라 정의했다. 우리는 끊임없이 누군가와 함께 있고 싶어 하고, 또 함께 있는 사람과 계속 소통하려 애

◆ http://theschooloflife.com

■ '학교는 삶의 한가운데 있어야 한다'는 교육철학 아래 어른들을 위한 학교인 '인생학교'를 설립한 알랭 드 보통과 수업 풍경들.

쓴다. 좁은 방 안에 누군가와 아무 말 없이 한 시간 동안 가만히 있는 상상을 해보라. 생각만으로도 불편하고 숨이 막히지 않는가.

기술의 발전이 가져온 변화라고 여기는 SNS나 스마트폰의 일상화는 사실 이러한 외로움 극복 욕구에서 기인한다. 하루 중 우리가 가장 자주 하는 일은 휴대전화를 들여다보는 일이다. 버스나 지하철에서 잠깐만 다른 사람을 관찰해도 알 수 있다. 모두가 약속이라도 한 듯 휴대전화에 눈을 고정한 채 인터넷을 검색하고 메시지를 주고받는다. 메시지를 보냈는데 답이 없으면 따분해하다가 또 다른 사람에게 메시지를 보낸다. 기다리는 잠깐의 시간도 참지 못해 음악을 듣거나 동영상을 보다가 답 메시지가 오면 즉시 읽고 대답을 한다. 전화로 용건만 간단히 주고받아도 되는 것을 굳이 입력하는 데 시간이 걸리고 집중을 방해하는 메시지를 선택하는 '불편한 진실'. 그것은 잠시라도 더 오래 외로움에서 벗어나고자 하는 욕구에서 비롯한 현상이라 할 수 있다.

사람은 '언제나' 말을 하고 싶어 한다. 이전에 알지 못했던 새로운 정보를 접했다고 하자. 과연 당신은 혼자만 알고 넘어갈까. 아마 아닐 것이다. 친구에게 메시지를 보내고, 트위터Twitter나 페이스북에 글을 올리며 사람들과 공유할 것이다. 왜 그토록 끊임없이 말하려 할까?

2012년 3월 열린 SXSW 컨퍼런스에서 이와 관련해 흥미로운 주장이 제기됐다. 교육기술 전문가 레이첼 우튼Rachelle Wooten은 사람의 내적 동기는 그의 이야기를 듣고자 하는 '연결자의 수'에 비례한다고 주장했다. 자신의 이야기에 관심을 갖는 사람들이 많을수록 자기가 하는 일에 대한 내적 동기가 강하고 사명감도 높다는 말이다. 바꿔 말하면 우리는 태생적으로 누군가와 소통하고 싶어 하고 더 많은 사람과 연결되기를 원하며 그들이 나의 이야기에 관심을 가져주기를 바라는 것이다.

하지만 이러한 욕구는 아무리 충족하려 해도 쉽게 채워지지 않는다. 연결과 소통에 대한 욕심은 끝이 없어서, 물을 붓고 또 부어도 채워지지 않는 '밑 빠진 독'과 같다. 사실 누군가와 연결되지 않는 순간, 그 사이에는 여유와 사색이 있다. 그곳에서 문학과 예술이 탄생했고, 새로운 통찰과 아이디어가 꽃피곤 '했다.' 그렇다. 여기서 주목할 부분은 '했다'라는 과거형이다. 이제 상황이 달라졌기 때문이다. 우리는 결국 그 사이를 연결해버리고 말았다. 기술은 계속해서 소통 비용을 감소시켰고, 더 먼 거리의 사람과 더 많이 소통할 수 있도록 만들었다. 사람이든 도구든 더 많은 연결을 가능케 하는 존재는 높은 가치를 지니게 됐다.

지금에 이르기까지 많은 시간이 필요하긴 했다. 기본적으로 소통에는 비용이 발생한다. 돈과 시간, 그리고 노력이 필요하다. 100명에게 한꺼번에 연락을 취한다고 생각해보자. 어떻게 할까. 전화를 거는 것도 문자메시지를 보내는 것도 결코 쉬운 일이 아니다. 상대가 1,000명으로 늘어난다면 더 어렵다. 그래서 매스미디어가 탄생했다. 피어 투 피어(peer to peer)라는 점 대 점의 소통 방식을 점 대 면의 방식으로 바꿈으로써 소통의 비용을 획기적으로 낮췄다. 문제는 이것이 일반인은 사용할 수 없는 방식이었다는 사실이다. 결국 심각한 소통의 불균형을 야기하며 매스미디어는 막강한 영향력을 행사하게 됐다.

엄청난 소통 능력을 확보한 매스미디어는 사람들을 대신해 메시지를 전파하고 비용을 받는 비즈니스를 구축함으로써 큰 성공을 거뒀다. 소통 능력은 곧 이익이었던 셈이다. 비용을 지불할 능력이 있는 이들은 대중이라고 불리는 다수의 사람들에게 자신의 메시지를 전했다. 다수는 소수가 만들어낸 연출과 이야기를 받아들이지만, 반대로 다수가 소수에게 이야기를 전할 방법은 별로 없었다. 소통 능력이 곧 권력이고 이익이었다.

시간이 흘러 소통의 불균형은 사람들의 끝없는 욕구에 의해 마침내 극복됐다. 앞서 말했듯이 기술은 계속해서 더 많은 사람들과 더 저렴한 비용으로 더 쉽게 만나고 대화할 수 있도록 만들었다. 모두가 '연결' 된 것이다. 이제 우리는 하루 종일 누군가와 메시지를 주고받으며 시간을 보낸다. 바로 옆자리에 앉은 동료와 메신저로 대화하는 것이 전혀 이상하지 않은 일이 됐다.

그리고 무제한 용량의 무선인터넷과 스마트폰이 손 안으로 들어왔다. 사람들은 언제 어디서든 누구나와 연결돼 소통할 수 있고, 세계 곳곳에서 일어나는 갖가지 소식들을 스마트폰을 통해 올리고 읽고 이야기하게 됐다. 이어 유튜브YouTube, 플리커Flicker, 드롭박스Dropbox처럼 미디어 콘텐츠를 무료로 업로드할 수 있는 서비스들이 등장하고 트위터나 페이스북같이 점 대 면의 소통을 가능케 하는 서비스까지 가세하면서 누구나 다수의 사람들과 순식간에 정보를 공유하고 확산할 수 있게 됐다.

외로움이라는 판도라의 상자가 열린 순간, 모든 것이 달라졌다. 소통 방식은 다양해졌고, 소통의 대상 역시 급속도로 많아졌다. 바로 이것이 세상을 이해하는 주요 핵심이다. 지금까지 우리는 기술이라든지 제품 같은 보이는 것에만 주목해 세상을 바라봤다. 하지만 그것은 내면의 본능과 욕구가 빚어낸 결과물에 불과했다. 욕구의 확장이 기술의 발전을 불렀다. 외로움으로부터 벗어나고자 하는 욕구, 소통에 대한 강한 열망이 모든 것을 연결하는 세상을 만들어낸 것이다.

디지로그는 끝났다

잠시 시계바늘을 과거로 돌려보자. 2006년 이어령 교수는 의미심장한 메시지를 던졌다. 마침내 디지털과 결합된 시대로 진입했음을 선언한 '디지로그 선언'이 그것이다. 1990년 이후 본격적으로 시작된 디지털 혁명의 결과, 사람들은 언제 어디서든 네트워크에 연결할 수 있었다. 초고속 인터넷망이 전 가정으로 보급됐고, 각 집마다 데스크톱이나 노트북이 한 대 이상 구비됐다. 누구나 자신의 디지털 기기로 기록하고 표현하고 공유할 수 있었다. 인터넷은 거대한 정보의 바다가 됐고, 세상의 지식은 쉽게 검색되고 발견됐다. 오늘날 대부분의 산업과 서비스 들이 전기 에너지라는 인프라 위에 존재하듯이, 인터넷 인프라를 기반으로 한 수많은 IT산업들이 일상생활에 깊이 침투했다.

그 후 5년이 지났다. 요즘 강산은 10년으로는 성에 안 차는지 1년 만에 변한다. 특히 IT업계는 변화의 속도가 더욱 빠르다. 개의 1년이 인간의 7년에 해당한다는 연구를 빗대, IT업계의 1년은 일반적인 흐름에 비해 일곱 배 더 빨리 지나간다는 '도그 이어dog year'라는 표현을 사용할 정도다. 이제 도그 이어로도 성에 차지 않는지, 스무 배 더 빨리 흐른다는 '마우스 이어mouse year' 라는 말까지 등장했다. 그래봤자 5년 동안 얼마나 바뀌었겠냐고? 생각해보자. 2006년만 해도 싸이월드가 주류였고 블로그는 존재감이 미미했다. 이제는 촌스럽게까지 느껴지지만 UCCUser Created Contents라는 용어가 막 주목받기 시작한 시기이기도 하다. 유튜브는 그저 재미있는 영상들이 올라오는 정체불명의 동영상 서비스 사이트에 불과했다.

당시만 해도 동영상이 인터넷 콘텐츠의 주류로 떠오르리라고 예상하는 사람은 많지 않았다. 인터넷은 집이나 PC방, 사무실에서만 접속하던 시절이었다. 정보는 인터넷의 어딘가에 저장돼 있는 데이터였고, 디지털의 기본 특성인 복제와 확산은 그것의 장점보다 불법 복제 같은 폐해로 더 크게 부각됐다. 당연히 오늘날 같은 정보 공유는 굉장히 낯선 개념이었다. MP3, 휴대전화 등 많은 디지털 소품을 갖고 다니긴 했지만 공유라기보다 소장의 개념에 가까웠다.

다시 5년이 흐른 지금, 스마트폰의 보급과 무선인터넷의 대중화를 통해 디지털은 우리의 일상 그 자체가 됐다. 디지로그는 끝났다.

디지털과 완전히 결합된 시대가 됐는데 디지로그가 끝났다니, 쉽게 이해하지 못하는 사람도 있을 것이다. 디지로그의 종말을 결정짓는 기준은 우리가 디지털을 통해 무엇과 연결되느냐에 있다. 디지로그 시대에 인터넷은 정보의 바다였다. 블로그 서비스는 인터넷 상에서 디지털 정보를 생산하고 소비하는 콘텐츠 플랫폼이었고, 네이버나 다음, 구글과 같은 검색 엔진들은 디지털 정보를 검색하고 발견하게 해주는 서비스였다. 그리고 각종 쇼핑몰들은 현실세계의 재화를 중개해주는 디지털

■ 디지로그 시대의 연결 단위는 사람이 아니라 정보, 기계였다.

상거래 플랫폼이었다. 그때 모든 것들은 정보와 거래에 관한 것이었다.

디지로그와 작별한 지금, 우리가 디지털 기기를 통해 연결하는 것은 정보가 아니라 '사람'이다. 휴대전화의 태생적인 목적이 무엇인가. 정보를 검색하고 열람하기 위해서가 아니다. 바로 사람과 연결하고 소통하기 위해서다. 누차 이야기하지만 사람은 연결성에 본능적으로 집착하는 존재다. 그리고 휴대전화는 그런 연결을 중개해주는 매개체다. 휴대전화 같은 기기에 인터넷이 탑재됐을 때, 그 역할은 정보가 아닌 사람을 연결하는 것이 먼저일 수밖에 없다. 각종 사진과 동영상을 무제한으로 자유롭게 업로드할 수 있다 한들 함께 나눌 사람들이 없다면 그것은 쓸모없는 정보로 전락하고 만다.

2012년 페이스북의 전 세계 이용자는 10억 명을 돌파했다. 전 세계 인터넷 사용자와 맞먹는 수치다. 이것이 무엇을 의미할까? 인터넷은 더 이상 정보의 바다가 아니라 '사람의 바다' 라는 뜻이다.

당신이 아침에 눈을 떠 제일 먼저 하는 일은 무엇인가? 아마도 십중팔구 스마트폰을 열어보는 일일 것이다. 그리고 대부분이 스마트폰을 열자마자 카카오톡 메시지를 확인하거나 트위터 또는 페이스북에 접속할 것이다. 잠든 사이 어떤 소통과 어떤 연결이 발생했는지, 그새를 못 참고 확인한다. 흥미로운 이야기가 많이 올라왔는데? '좋아요' 버튼을 누르고 RT를 하고 댓글을 달면서 이내 소통에 동참한다. 이러다보니 HTC의 해외판 광고에 무릎을 치게 된다.

이것은 아침에 일어날 때 가장 먼저 보는 것이고
잠들기 전 가장 나중에 보는 것입니다.
이것은 당신을 열 받게 하고
당신을 진정시키기도 합니다.

기억하는 데 도움을 주고
잊어버리는 데도 도움을 줍니다.
당신이 항상 사람들과 연결되도록 하는 것이고
당신이 소유하고 있는 유일한 것이며
항상 팔이 닿는 거리에 존재하는 것입니다.

폰이 필요 없는 상황에서도

당신은 폰이 필요합니다.

사실 폰이 당신을 갖고 있는 것입니다.

당신을, 당신을

우리는,

HTC◆

당신이 휴대전화를 소유한 것처럼 보이지만 실상은 휴대전화가 당신을 갖고 있는 것이라는 역발상은 그만큼 우리가 휴대전화에 얼마나 의존하고 있는지 보여준다. 세상의 각종 뉴스와 정보는 SNS로 연결된 지인들이 공유해준 링크를 통해 접한다. 방금 전 최근 소식을 살펴봐놓고도 새로 고침 버튼을 연신 눌러대며 업데이트된 내용이 없는지 다시 확인한다. 특히 내가 업로드한 사진이나 포스팅한 글이 있다면 새로 고침 간격은 더욱 짧아질 가능성이 높다. 누가 내 이야기에 반응을 보이지는 않았는지, 내 메시지에 답하지는 않았는지 궁금한 까닭이다.

반면 종이신문은 미장원이나 분식집에서 지루한 시간을 때우는 용도가 된 지 오래다. 이제 궁금한 것이 있으면 검색 엔진으로 정보를 찾기보다 SNS의 친구 관계에 있는 사람들에게 물어보는 편이 더 빠르고 신뢰할 만하다. 집에 놓인 데스크톱에는 안타깝게도 먼지가 쌓이고 있다. ActiveX를 사용해야 하는 인터넷뱅킹 같은 서비스를 이용할 때를 제외

◆ http://www.youtube.com/watch?v=EGs9rOUYXn4

하고는 컴퓨터를 켤 일이 없다. 한때 컴퓨터 활용법을 배우고자 무던히 애를 썼던 것이 무색할 정도다.

문득 궁금증이 일어난다. 스마트폰이 있기 전에는 뭘 하며 시간을 보냈지? 전화? 문자? 독서? 몇 년도 안 된 일인데 잘 생각나지 않는다. 참 재미있다고 생각하며 이 궁금증을 페이스북에 올린다. 곧 수많은 이들이 공감 표시를 하고 댓글을 남긴다. 디지털은 이제 나에게 녹아들어 그 경계조차 없어지고 있다. 공기와도 같은 것이 되고 있는 것이다.

질문을 하나 던져보자. 라디오와 인터넷 중 어떤 것이 먼저 발명됐을까? 아마 인터넷이라고 답할 사람은 없을 것이다. 그렇다면 라디오와 팩스는? 앞의 질문처럼 바로 답이 나오지 않을 것 같다. 라디오라고 생각하는 사람도 적지 않을 것이다. 하지만 기술은 유선에서 무선으로 발전했다. 팩스가 먼저 발명됐다는 뜻이다. 팩스는 1865년 상용화 제품이 처음 나왔고, 라디오는 1907년에 등장했다. 그렇다면 라디오라고 착각한 사람은 왜일까? 상식이 부족해서일 수도 있겠지만 보다 근본적인 이유는 따로 있다. 지금 이 시대에 라디오나 팩스는 새로운 것이 아니기 때문이다. 그냥 당연히 존재하는 것이고, 그래서 어느 것이 먼저 나왔는지를 생각해본 적 없기 때문이다. 어떤 서비스나 제품이 공공재처럼 그 시대의 인프라가 되면 우리는 그것의 존재를 공기처럼 느끼게 된다.

지금 우리가 경험하고 있는 시대가 바로 이 지점에 놓여 있다. 디지털은 인프라가 됐다. 특히 인터넷은 그야말로 공공재 수준이 됐다. 단수로 인해 물을 쓸 수 없는 것은 참아도 인터넷 접속 불량은 못 참는다는 사람이 많을 정도다. 휴대전화나 태블릿 같은 스마트 디바이스들은 인터넷에 항상 연결돼 있도록 해주는 고리가 됐다. 그리고 인터넷은 정보의 바다를 지나 사람들로 가득 찬 '연결의 바다'로 진화했다. 정보는 특정 서버에 고이 저장돼 사람들이 방문해야 발견되는 대상이 아니라, 사람들의 연결에 의해 유지되는 거대한 시냅스가 됐다. 그리고 이러한 조류는 생각지도 못했던 새로운 가치를 탄생시켰다.

창의와 열정의 문을 여는 비밀 열쇠, 연결

기술의 발전 속도와 발견 비용의 감소는 밀접하게 연결된다. 어떤 제품이나 서비스가 사람들에게 광범위하게 사용되는가를 판단하는 기준은 이용자 수가 5,000만 명을 넘거나 지역 또는 국가의 25퍼센트에 도달하는 시점을 이야기하곤 한다. 전화를 예로 들면 1876년 전화기가 최초로 발명된 이래 미국에서 사용자가 5,000만 명을 넘기까지 75년이 걸렸다. 한국은 1895년 궁에 자석식 교환기가 설치된 후 1,000만 회선을 넘기까지 92년이 걸렸다.

전화의 확산은 대단한 관심의 대상이었다. 원거리에 있는 사람과 실시간으로 대화를 나눌 수 있다는 것은 시공간의 제약을 뛰어넘는 가히 혁명적인 사건이었기 때문이다. 과거 집에 전화기를 설치한다는 것은 요즘으로 치면 최신 자동차를 구입하는 것과 같은 기쁨을 안겨주기에 충분할 정도였다. 전화는 이전까지 연결이 어려웠던 사람들을 손쉽게 이어주었다.

뒤이어 라디오가 보급됐다. 라디오는 불과 38년 만에 이용자 5,000만 명을 넘겼다. 전화가 기본적으로 서로 알고 있는 사람들의 원거리 연결을 가능케 했다면, 라디오는 익명의 다수에게 메시지를 전달하고 확산할 수 있도록 만들었다. 라디오를 통해 우리는 지역의 많은 사람들에게 한꺼번에 내 지역의 뉴스들을 전달할 수 있었다. 그야말로 놀라운 발명품이었다. 비록 일방적으로 수신하는 방식이었지만, 사람들은 전화보다 더 큰 연결성을 제공하는 라디오에서 귀를 떼지 못했다. 아침부터 밤까지 하루 종일 라디오를 틀어놓고 생활할 정도였다. 라디오를 통해 세계정세를 파악했고, 생면부지의 누군가와 교감했다. 세상의 정보는 그 어느 때보다도 빠르고 광범위하게 연결됐다. 라디오는 자연스럽게 변화의 속도를 가속화하는 매개체가 됐다.

ⓒSergei Polishchuk

■ 라디오의 발명 이후 사람들은 세계정세를 파악하고 익명의 다수와 교감하기 시작했다.

그리고 TV가 등장했다. 마치 눈앞에 새로운 세상이 펼쳐지듯 생생한 시각 정보를 제공하는 기술은 놀라움을 넘어 충격을 안겨줬다. 라디오가 지역의 주요 소식을 전하는 용도였다면 TV는 지구촌 곳곳의 소식을 생생하게 전달하는 수단이었다. 과연 사람들은 TV에 얼마나 열광했을까? TV 이용자 5,000만 명 돌파 기간은 불과 13년이었다. 1969년 아폴로11호 탐사선이 달에 착륙하는 장면은 무려 6,000만 명이 시청했고,

■ 지구촌 곳곳의 소식을 영상으로 보여주는 TV의 발명은 충격적인 사건이었다. 이후 불과 13년 만에 이용자 5,000만 명을 넘어섰다.

사람들은 인류가 하나의 작은 행성에 살고 있는 이웃임을 깨닫게 됐다. 그야말로 세계의 거대한 연결이 이뤄진 순간이자 글로벌 비즈니스의 신호탄이 발포된 순간이었다.

연결이 더욱 긴밀해질수록 사람들의 욕구도 커졌다. 이제 전 세계 모두가 이웃이라는 사실을 알았으니, 그렇다면 그들의 일거수일투족을 좀더 속속들이 알아야 하지 않겠는가. 결국 컴퓨터 보급을 비롯한 디지털 혁명이 시작됐고, 마침내 인터넷이 탄생했다. 거대한 정보의 바다가 펼쳐졌고, 인류가 만들어놓은 거의 모든 정보에 연결할 수 있는 신대륙이 건설된 것이다. 4년! 인터넷 이용자가 5,000만 명을 넘는 데는 4년밖에 걸리지 않았다. 현재는 10억 명이 넘는 사람들이 접속할 정도로 성장했다.

지금까지 발명된 전화, 라디오, TV, 인터넷 중 어느 하나 사람들에게 외면받은 것은 없다. 속도의 차이만 있을 뿐, 결국 모두 사람들의 생활에 완전히 녹아들었다. 더 큰 연결성을 제공할수록 그것에 대한 사람들의 의존성도 커졌다. 이제 우리 손에는 항상 휴대전화가 들려 있고, 책상에는 어김없이 인터넷에 연결된 컴퓨터가 놓여 있다. 바깥에서는 휴대전화를 만지작거리고 집으로 돌아와서는 TV나 컴퓨터를 습관적으로 켜는 이유는 연결에 대한 본능 탓인 것이다.

연결, 이것은 지금의 세상을 읽는 가장 중요한 키워드다. 그리고 창의와 열정의 문을 여는 비밀의 열쇠이기도 하다. 연결이 무엇이기에 그토록 큰 의미를 지닐까. 창의적 문제 해결 기법인 트리즈TRIZ에서 그 답을 찾을 수 있다. GE와 P&G, 인텔Intel 등 세계 유수 기업을 고객으로 둔 트리즈 컨설팅회사 젠스리GEN3의 사이먼 리트빈Simon Lutvin 부사장은 '혁신의 요체는 연결과 개방' 이라고 말한다.

"세상 모든 문제의 본질은 똑같고 이를 유형화할 수 있다. 한 분야의 원리를 다른 분야에 접목하면 더욱 쉽게 풀 수 있는 것이다."

예를 들어 젠스리는 일본에서 출시된 '코 필터' 라는 제품을 개발했는데, 이 제품의 탄생도 연결을 통해 가능했다. 코 필터는 알레르기 비염 증세가 있는 사람이 코에 끼는 장치다. 비염의 주원인인 먼지 등을 걸러내는데, 공기 중에 포함된 미세한 입자를 걸러내는 기술의 개발이 만만치 않았다. 해결책은 전혀 다른 분야에 존재했다. 바로 시멘트 공장에서 사용하는 집진장치였다. 시멘트 원료를 분쇄할 때 미세한 먼지가 발생하는데, 오염을 막고 원료 손실을 줄이기 위해 사용되는 집진장치의 원리를 적용해 코 필터를 완성한 것이다. 연결이 창조로 이어진 대표 사례다. 미국의 디자인회사 아이디오IDEO의 창립자인 톰 켈리Tom Kelly 역시 한 분야의 아이디어를 다른 분야로 접목하는 것을 혁신의 주요 덕목으로 꼽은 바 있다.

획기적인 발명품의 대표 주자로 꼽히는 다이슨Dyson의 날개 없는 선풍기 역시 연결이 빚어낸 결과물이다. 동그라미 모양으로 디자인됐는데, 가운데가 뻥 뚫려 있다. 날개도 없는데 도대체 어디서 바람이 나올까? 비밀은 둥근 고리를 받치고 있는 원기둥 모양의 스탠드에 있다. 스탠드

안에 있는 팬과 모터가 바람을 일으키는 것이다. 이것은 제트엔진의 원리를 차용한 것으로, 즉 선풍기라는 제품에 제트엔진의 기술을 연결해 새로운 발명품을 탄생시킨 것이다.

앞서 언급한 TED와 SXSW에서 펼쳐진 수많은 창의와 혁신, 열정도 연결이 있었기에 가능했다. 중요한 점은 지식이나 아이디어의 연결보다 사람의 연결이다. 정현종 시인의 시 〈방문객〉에서처럼 '사람이 온다는 건 실은 어마어마한 일이다.' 그는 그의 과거와 현재와 그리고 그의 미래와 함께 오기 때문이다. 한 사람의 일생이 오기 때문이다. 국가도 성별도 연령도 경험도 전혀 다른 사람들의 연결이 새로운 생각, 새로운 통찰을 빚어내는 것이다.

마찬가지로 SNS를 그저 사람들을 연결해주는 메신저와 같은 서비스로 치부해서는 안 된다. SNS는 형식에 불과하다. 중요한 것은 더욱 많은 사람들과 보다 쉽고 넓게 소통하는 와중에 더 많은 아이디어들이 공유된다는 사실이다. 그 결과 기존에는 생각지 못했던 아이디어들이 속속 탄생했고, 나아가 새로운 비즈니스들을 기하급수적으로 창출하고 있다. 인간의 내면에 깊이 내재돼 있던 연결에 대한 욕구가 연결을 가능케 하는 다양한 기술을 발전시켰고, 그렇게 연결된 사람과 분야, 기술, 제품이 놀라운 새로움을 만들어내는 세상을 지금 우리가 살고 있는 것이다.

Chapter 2

디지털 네이티브 족의 출현

: 다이얼로그의 개막

"모든 아이들에게 우리가 먹는 음식에 대해 가르칩시다. 다시 집에서 요리를 합시다. 비만과 싸워야 합니다."

영국의 스타 요리사이자 건강 운동 실천가인 제이미 올리버[Jamie Oliver]는 TED 2010에서 '올해의 TED 상[TED Prize]'을 수상하며 자신의 소원을 이렇게 밝혔다. 올해의 TED 상 수상자에게는 상금 10만 달러와 '소원'이라는 부상이 주어진다. 수상자가 소원을 이야기하면 현장에 있는 사람들은 그 소원을 실현할 수 있는 다양한 의견을 제안한다. 온라인 등을 통해 소식을 접한 사람들도 소원 성취를 위한 행동에 동참한다. 그런데 제이미 올리버는 왜 지극히 당연해 보이는 '집에서 요리하기' 같은 소원을 말했을까? 그 답은 앞서 그가 발표한 내용에 있다. 잠시 당시 상황을 재현해보자.

©TED Conference

■ 2010년 올해의 TED 상의 주인공, 제이미 올리버. 그는 음식 혁명을 선언하며 무대 위에 설탕을 쏟아 붓는 퍼포먼스를 펼쳤다.

제이미 올리버가 설탕을 가득 실은 수레를 가지고 무대에 올랐다. 설탕을 재료로 한 요리라도 선보이려나 싶었지만 이후 벌어진 일은 전혀 예상 밖이었다. 그가 무대 위에 설탕을 잔뜩 쏟아 부었던 것이다.

"이 엄청난 양의 설탕이 보이십니까? 보기만 해도 살이 찌는 것 같지 않으세요? 그런데 우리 아이들은 우유를 먹겠다고 이 어마어마한 양의 설탕을 아무렇지 않게 섭취하고 있습니다."

뒤이어 그가 소개한 영상은 더욱 충격적이었다. 초등학생에게 감자를 보여주자 '토마토'라고 대답하는 게 아닌가. 자신이 무엇을 먹고 사는지, 음식에 대해 너무도 무지한 아이들의 실상을 보여주며 올리버는 개탄했다. 설탕의 무분별한 섭취와 음식에 대한 무관심, 무지로 인해 아이들은 비만 등 각종 질병에 무방비한 상태로 노출돼 있다고 경고했다. 바로 이것이 그가 '음식 혁명'을 소원으로 내건 이유였다.

충격적인 실태를 접한 TED의 청중이 가만히 앉아 있을 리 없었다. 소원 발표가 끝나자마자 수많은 사람이 객석에서 일어나 재정 지원은 물론, 자신의 시간과 노력을 제공하겠다는 의사를 밝혔다. 한 트럭회사의 경영자는 필요하면 트럭을 지원하겠다고 나섰고, 홈페이지 제작을 돕겠다는 사람도 있었다. 정치인을 만나게 해주겠다, 장소를 제공하겠다는 제의도 빗발쳤다. 즉석에서 무려 수백만 달러의 지원금이 모였다. 음식 혁명에 대한 지지는 급속도로 퍼져나갔다. 온·오프라인을 통해 소식을 접한 사람들이 참여 의사를 밝혀왔고, 순식간에 건강한 음식 혁명을 위한 커다란 에너지가 형성됐다.

아이디어 하나가 거대한 흐름이자 에너지로 탈바꿈하는 데는 오랜 시간이 걸리지 않았다. 어떻게 이런 일이 가능할까? 각양각색의 사람들이 동일한 목표 혹은 주제로 엮이고, 이를 실천하고자 하는 의지로 들끓고, 그 결과 수많은 행동들이 넘쳐나는 시대를 어떻게 설명할까? 지금 우리에게는 이러한 세상을 설명한 새로운 개념이 필요하다.

새로운 세상의 도래

디지로그 시대에 연결의 대상은 사람이 아니라 기계였다. 그렇다면 인터넷이 '사람의 바다'로 변모하고, 연결의 대상이 사람으로 바뀐 지금

■ 2011년 테크플러스 포럼 무대에서 공연 중인 남궁연. 이 자리에서 그는 새로운 차원의 다이얼로그 시대가 도래했음을 선언했다.

시대를 대표할 단어는 무엇일까?

2011년 테크플러스 포럼에서 크리에이티브 디렉터 남궁연이 제기한 주장을 주목하자. 그는 우리 시대가 디지털과 아날로그가 공존하는 디지로그에서, 그것의 경계가 완전히 녹아든 전혀 새로운 차원의 '다이얼로그 Dialog 시대'로 진입했다고 선언했다. 아날로그와 디지털이 새로운 형태의 화학적 결합을 통해 하나의 에너지로 재탄생한 것이다.

Digital + Analog → Digilog, 2006년 이어령

Digital + Analog → Dialog, 2011년 남궁연

사전적으로 다이얼로그는 CD처럼 둥글게 생긴 '원판'이란 뜻과 '대화'라는 뜻을 포함하고 있다. 별개의 의미를 지닌 동음이의어지만 묘하게도 두 가지 뜻 모두 지금 우리가 속한 세상의 모습을 담고 있다.

CD를 구입해 소장하는 것을 멋으로 간주하던 시절이 있었다. '아날로그란 역시 좋은 거야' 라고 향수를 느끼면서 말이다. 그런데 여기에 재미있는 사실이 존재한다. CD는 0과 1이라는 불연속적인 속성의 디지털 정보를 담은 디지털 매체다. 물론 물리적인 형체를 지녔으니 음원과 비교했을 때는 아날로그적이라고 말할 수도 있겠다. 하지만 디지털 회로기판을 탑재한 컴퓨터 본체를 보고 아날로그라고 생각하는 사람은 없지 않은가. 비단 CD만이 아니다. DVD에도 CD와 비슷한 향수를 느끼는 경우가 많다. 즉 우리는 그것이 디지털이든 아니든 간에 원판 모양에서 아날로그적 감성을 느끼곤 한다. 고급 자동차일수록 조그셔틀Jog&Shuttle 형태의 조종장치를 탑재하는 경우가 많은 것도 이런 이유에서다.

둥근 형태에서 아날로그적 감성을 느낀다는 게 왜 중요할까? 여기에 숨어 있는 사실은 다이얼로그 시대에서는 우리가 아날로그와 디지털의 경계를 더 이상 의식하지 못한다는 점이다. CD가 아날로그냐 디지털이냐 구분하는 것은 의미가 없다. 디지털과 아날로그의 속성을 모두 갖고 있지만, 사람들은 양쪽이 혼재된 형태로 인식하는 것이 아니라 경계 자체가 무의미한 아날로그 그 자체로 받아들인다. 이것이 이 장에서 이야기하고자 하는 핵심이다.

디지털 정보, 디지털 기기는 우리가 사는 세상을 완전히 뒤엎을 만큼 엄청나게 생산되고 복제돼 확산됐다. 결국 디지털과 아날로그가 혼재되는 지점을 넘어 경계가 완전히 녹아내린 멜트다운meltdown 지점으로 접근하자 전혀 새로운 일이 일어났다. 한마디로 요약하자면 이렇다. "많아지면 달라진다."

이 명제를 보다 잘 이해하기 위해서는 좀더 구체적인 설명이 필요하다. 잠시 머리도 식힐 겸, 세계적으로 유명한 그림에 대한 이야기를 해보자. 「모나리자」의 미소를 보려면 어디로 가야 할까? 아마 많은 사람들이 어렵지 않게 '루브르 미술관'을 떠올릴 것이다. 그렇다면 루브르에는 「모나리자」를 제외하고 어떤 작품들이 있을까? 미술에 관심이 많거나 직접 루브르에 가본 사람이 아니라면 답하기 쉽지 않다. 루브르에는 「모나리자」 외에도 3만 5,000여 개에 이르는 다양한 작품들이 전시돼 있다. 그런데 사람들은 왜 루브르 하면 모나리자를, 모나리자 하면 루브르를 떠올릴까? '모나리자=루브르'라는 공식이라도 있는 듯이 말이다.

고문서 해독가인 윌리엄 노엘William Noel은 이 같은 반응을 디지털과 인터넷이 만들어낸 효과라고 해석한다. 윌리엄은 많은 시간과 비용을 들여 옛 필사본 문서들을 복원하고 나서 전부 무료로 웹에 개방한 일화로 유명하다. 그의 행동을 두고 주변 사람들은 "바보 같은 짓이다", "돈 따위는 거들떠보지도 않을 만큼 재력가다" 등등의 말들을 쏟아냈지만, 정작 윌리엄은 놀라운 이야기를 꺼냈다.

"사본이 많으면 많을수록 진짜의 가치는 더욱 커진다."

무슨 궤변인가 싶다. 하지만 곰곰 생각해보자. 어떤 대상이 널리 확산된다는 것은 그만큼 많은 사람들이 그것을 인지할 가능성이 높아진다는 뜻이다. 더 많은 사람이 알수록 그것의 가치는 더욱 높아진다. 연예인과 비교해보면 쉽게 이해할 수 있다. 매스미디어는 방송을 통해 수백만에서 수천만 이상의 사람들에게 복제된 영상을 전송한다. 연예인은 자신의 이미지를 많은 사람들에게 전달하기 때문에 스타가 되는 것이다. 그리고 사람들에게 좋은 반응을 얻을수록 그의 이미지는 더 많은 미디어와 채널을 통해 확산된다.

■ 볼티모어 소재 월터스 미술관의 학예관이자 고문서 해독관인 윌리엄 노엘. 그는 복원한 고문서의 사본을 웹에 무료로 개방해 진품의 희소성을 높였다.

이제 어느 정도 이해가 될 것이다. 인터넷이 보급되면서 가장 많이 복제된 예술작품은 「모나리자」였다. 구글의 이미지 검색으로 확인해보면 무려 3,100만 개가 넘는 결과가 나올 정도다. 「모나리자」를 그린 레오나르도 다 빈치Leonardo da Vinci로 검색해보면 약 6,000만 건이 나온다. 다 빈치는 「모나리자」 외에도 「최후의 만찬」과 같은 세기적 작품들을 남겼지만 「모나리자」의 인지도가 압도적으로 높다. 「모나리자」는 복제됐기 때문에 유명해진 셈이다.

여기에 한 가지 원인이 더 있다. 바로 희소성이다. 복제될수록 진품의 희소성은 더 커진다. 매스미디어의 스타 시스템은 바로 이 점을 이용한다. 연예인은 방송을 통해 누구에게나 자신의 이미지를 전달하지만, 대중은 그의 이미지를 소비할 뿐 직접 가서 만나고 만지기는 어렵다. 그래서 실제로 연예인을 만나기 위한 다양한 노력들이 수반되고, 직접 본 사람들은 자랑 삼아 경험담을 늘어놓는다. 「모나리자」 역시 누구나 원할 때 사진이나 이미지의 형태로 볼 수 있지만 진품을 확인한 사람은 소수에 불과하다. 진짜를 복제하는 디지털이 역설적이게도 진짜의 가치를 엄청나게 높여주고 있는 것이다.

복제와 확산은 그러한 행위의 주체에 대한 가치도 높인다. 방송국을 예로 들면 노래는 가수가, 연기는 배우가 하고 방송국은 전송만 할 뿐이지만, 바로 그 역할만으로 엄청난 영향력을 발휘한다. 왜냐하면 수많은 연결을 만들어내기 때문이다. 무선인터넷 시대로 접어들자 사람들은 정보의 출처로 몰려가서 콘텐츠를 소비하는 수동적인 존재를 탈피했다. 자신이 발견한 것을 적극적으로 공유함으로써 콘텐츠 공급자를 자처한 것이다.

하루에만 130억 건의 메시지와 각종 정보를 담은 링크들이 트위터를 통해 전파되기 시작했다. 인터넷은 갑자기 소란스러워졌다. 세상은 엮이고, 들끓고, 넘쳐나기 시작했다. 그리고 모든 것이 달라졌다. 본격적인 다이얼로그 시대가 도래한 것이다.

다이얼로그 시대란 무엇인가

디지로그 시대에는 유선인터넷을 통해 지인들과 소통하는 데 많은 시간을 할애했다. 소통은 PC와 같은 인터넷 기기 앞에 앉아 있을 때만 가능했고, 출퇴근이나 이동 중에는 불가능했다. 24시간 동안 풀가동되는 연결 수단은 전화와 문자 메시지였다. 때문에 디지로그 시대에는 사람

간의 직접적인 실시간 소통보다 사람이 남겨놓은 정보를 접하는 것이 일반적이었다. 인터넷은 이렇게 사람들이 남겨놓은 정보들이 담기는 그릇이었다. 인터넷을 정보의 바다라고 칭한 까닭이기도 하다. 그때는 사람들이 저마다의 이유와 목적으로 정보를 남겨놓으면 그것을 두고 의견을 남기는 형태로 대화를 주고받았다.

하지만 무선인터넷이 본격화되면서, 이제 언제 어디서나 항상 연결돼 있다. 이런 상태는 유선인터넷과는 전혀 다른 양상을 만들어낸다. 상대방이 내게 바로 응답을 요구할 수 있다는 뜻이다. 전자 메일을 보내놓고 즉시 확인하라는 재촉이 가능해졌고, 어떤 이슈나 사건에 대해서도 실시간 확인을 요청할 수 있게 됐다. 왜냐하면 휴대전화는 내 손에서 절대 떨어지지 않는 존재이고, 팔이 닿는 거리에 위치해 있어야만 하는 도구이기 때문이다.

자연스럽게 정보가 아닌 사람이 연결의 중심이 됐다. 이것이 무엇을 의미할까? 과거 우리는 포털이 누구에게나 제공하는 동일한 정보를 수동적으로 습득했다. 정보의 시작도 중심도 포털 같은 매스미디어였다. 하지만 다이얼로그 시대로 접어들면서 모든 것이 바뀌었다. 정답은 나로부터 시작하는 것이다. 내가 아무와도 연결돼 있지 않다면 내가 볼 수 있는 메시지는 나의 것밖에 없는 셈이다. 반대로 누군가와 연결을 시도한다면 그때부터 그의 이야기를 볼 수 있다. 더 많은 사람과 연결된다는 것은 더 많은 이야기를 접할 수 있다는 의미다. 다시 말해 대화를 하려면 먼저 연결부터 해야 한다.

이것은 굉장히 좋은 접근이다. 사람의 근본적인 욕구는 누군가와 연결돼 있다는 느낌을 확인하는 것이기 때문이다. 그리고 소통의 기본은 내가 당신과 연결하고 싶고 당신의 이야기를 듣겠다라는 의사표시에서부터 시작하기 때문이다. 트위터와 페이스북을 위시한 무선인터넷 서비스의 선봉들은 바로 이 인간관계의 기본을 서비스의 핵심으로 채택했다. 사람의 연결을 서비스 이용의 시작으로 두자 해당 서비스들은 폭발적으로 성장하기 시작했다. 수많은 사람들이 연결을 시도했고 자신과 관심사를 공유할 만한 사람들에게 적극적으로 다가갔다. 더 많은 사람들이 연결될수록 더욱 커다란 내적 동기를 느끼며 서비스 이용에 열을 올렸다.

이것이 얼마나 뜨거운 열풍을 불러일으켰냐 하면, 인터넷 이용자가 5,000만 명을 넘기까지 4년이 걸린 반면 트위터는 2년 만에 돌파해버렸다. 연결성을 보다 강화한 페이스북은 9개월 만에 기록을 갈아치웠다. 5,000만 명이 아닌 1억 명을 넘는 데 걸린 시간이 그랬다. 현재 페이스북은 전 세계 이용자 10억 명 돌파를 눈앞에 두고 있다. 한국에서만 이용자가 1,000만 명이 넘는다. 카카오톡 같은 메신저 서비스도 예외가 아니다. 카카오톡은 불과 2년 만에 이용자 4,000만 명을 가볍게 넘길 전망이다. 정보가 넘쳐나는 시대의 너머에는 결국 그 모든 것들의 본질인 사람이 서 있었던 셈이다.

이제 우리는 일어나서 잠자리에 드는 순간까지 계속해서 사람들과 소통하며 시간을 보낸다. 지인들이 전하는 정보를 소비하고 공유한다. 쏟아지는 많은 정보의 대부분을 무시하지만, 지인이 전하는 정보만큼은 관심을 갖고 살펴본다. 좋은 이야기, 유익한 정보를 전하는 사람들은 신

■ 다이얼로그 시대의 핵심은 사람이다. 정보조차 사람에게 붙어 있다. 즉, 유저의 시대가 도래했다.

뢰를 얻고 평판을 쌓는다. 이제 광고를 보고 물건을 구매한다는 관점에서의 소비자라는 개념 대신 이미 물건을 사용해본 지인의 평가를 바탕으로 물건을 구매하는 사용자User라는 개념이 중요해졌다. 즉, 유저YOUser의 시대가 도래했다. 그리고 자연스럽게 광고 효과에 의한 브랜드보다 사용자들의 평판이 더 중요한 가치로 주목받기 시작했다. 기업의 마케팅보다 사람들의 입소문에 힘이 더 실린다. 중요한 것은 정보가 아닌 사람이 됐다. 바로 이것이 다이얼로그 시대의 핵심이다.

다이얼로그 시대란 시작과 중심과 끝이 모두 사람인 시대다. 사람의 욕구가 끊임없이 새로움을 창출하고, 사람과 사람의 연결이 새로움을 더욱 새롭게 한다. 중요한 것은 정보나 기술이 아니라 그 정보와 기술을 만들어낸 사람, 그리고 이를 전파하는 사람, 더불어 이를 공유하는 사람이다.

지금 우리는 정보 자체의 가치를 따지기보다 정보를 전하는 사람을 먼저 고려한다. 해당 정보에 관심과 애정이 큰 사람일수록 그가 전하는 정보에 대한 관심과 신뢰가 커진다. 그리고 이렇게 대화를 나누는 사람들의 숫자가 전 세계적으로 10억 명에 육박했다. 그들 모두가 일제히 인터넷에 연결된 채 열심히 대화하고 있다. 그리고 이들의 힘은 지구 역사상 그 어떤 매체나 권력자보다 큰 영향력을 행사하기 시작했다. 우리는 이것을 새로운 미디어로 명명한다. 바로 소셜미디어다.

생각해보라. 오늘 하루의 각종 이슈들을 어디서 접했는가. TV? 종이신문? 언론사 사이트? 물론 이러한 매체를 이용한 사람도 있겠지만 대부분은 카카오톡이나 트위터, 페이스북을 통해서일 것이다. 불과 1년 전까지만 해도 소셜미디어는 일부 얼리어댑터의 전유물처럼 취급됐다. 그런데 1년 사이 강산이 변했다. 지금 이 순간 벌어지고 있는 사건의 현장을 누가 전하고 있는가? 매스미디어가 아니다. 지인 혹은 직접적으로 알지는 못해도 어쨌든 당신과 연결된 한 개인이 현장에서 중계한다. 아무리 매스미디어가 사건사고 현장을 열심히 쫓아다닌다 한들 그 순간 현장에 있는 사람보다 빠를 수는 없다.

이제 사람들은 매스미디어가 뒤늦게 보여주는 한 발 늦은 속보가 아니라 현장에서 벌어지고 있는 생생한 모습을 실시간으로 접하고 확산시킨다. 매스미디어를 통해 일방적·수동적으로 시청하는 존재가 아니라 매스미디어만큼의 영향력을 가진 개인 미디어로 부상했다. 내려받아야만 들을 수 있는 특정 팟캐스트podcast의 다운로드 수가 1,000만 건이 넘을 정도다. 웬만한 매스미디어의 시청률을 훨씬 웃도는 파워다. 이런 다수의 개인 미디어를 소셜미디어라고 부른다. 소셜미디어는 일의 시작이자 대화다. 매스미디어는 끝난 이야기를 통보할 뿐 대화는 이루어지지 않는다.

당부하고 싶은 게 하나 있다. 소셜미디어를 인터넷의 발전과 기술의 진보가 낳은 현상으로 이해해서는 안 된다. 소셜미디어를 통해 변화한 것이 무엇인지를 눈여겨봐야 한다. 가장 큰 변화는 점 대 점의 소통에서 점 대 면의 소통으로 달라졌다는 사실이다. 점 대 면의 소통이란 자신의 이야기를 다른 사람들이 구독하게 만드는 것을 의미한다.

이것의 기본 특징은 나의 한 마디가 친구관계에 있는 다른 사람들 모두에게 전달되는 구조라는 것이다. 즉 메시지가 점에서 면으로 퍼져나가는 구조다. 누군가가 내 이야기에 응답하면 그의 친구들까지 내 이야기를 보게 된다. 친구 중 한 명이 인지도가 높아 1만 명쯤 되는 친구를 보유했다고 치자. 내가 글을 올렸을 때 그가 응답을 하면 그의 친구 1만 명도 내 글을 읽게 된다. 때문에 내가 전달한 메시지가 다른 사람들도 관심을 갖고 있던 주제였다면, 이 각각의 관계를 통해 메시지는 순식간에 퍼져나갈 수 있다.

점 대 면의 소통은 잔잔한 호수에 파문이 일듯, 메시지의 공명이 순식간에 지구 반대편까지 이어질 수 있는 구조를 제공한다. 우리는 이제 북경에서 시작된 나비의 날갯짓이 뉴욕에 태풍을 일으킬 수도 있다는 '나비 효과'의 시대로 진입했다. 내가 던진 한마디가 저 먼 아프리카에 놀라운 변화를 일으킬 수 있는 시대인 것이다. 전 세계 사람들은 트위터를 이용해 하루에만 130억 건의 트윗을 주고받는다. 카카오톡을 통해 하루에 주고받는 메시지의 양이 무려 26억 건으로, 한국의 통신 3사의 전체 문자 서비스 이용량을 합친 수의 열 배가 넘는다.◆

이제 사람들은 각자의 미디어를 가지고 점 대 면의 소통을 한다. 세상 곳곳의 이야기들을 각자의 관계를 통해 공유하고 확산시킨다. 신문, 잡지, 방송 등 소수의 전문가들이 주도했던 매체가 이제는 다수의 참여자들에 의해 만들어지고 대화의 매개가 된다. 다수의 참여자들이 다시 다수의 참여자들과 소통하고, 이것이 완전한 미디어로서 존재하기에 이른다. 누가 전문가인가? 그 경계마저 흐려지고 있다.

사람들은 오프라인에서 알고 지내는 사람과 소통하는 데 그치지 않는다. 직접적으로 가깝게 연결되지 않는 '느슨한 관계'를 맺는 일도 적극적으로 받아들이기 시작했다. 관심사를 공유할 수 있는 사람이라면 누구와도 적극적으로 소통한다.

다시 다이얼로그의 뜻으로 돌아가보자. 다이얼로그는 원판과 대화라는 두 가지 의미를 담고 있다. 사람 사이에 끊임없는 대화가 이루어지고, 그 대화가 꼬리에 꼬리를 물어 둥근 원을 완성하는 시대를 표현하기에 가장 적합한 단어이지 않은가! 다이얼로그는 변화무쌍한 지금 시대를 관통하는 핵심 키워드이자 세상을 이해하는 열쇠다.

◆ http://www.etnews.com/news/contents/internet/2579023_1488.html

내가 없으면 우리도 없다

자, 우리는 이 시대의 변화를 주도하는 두 축이 연결과 소통이라는 사실을 살펴봤다. 관계가 중요해졌고, 관계를 맺는 사람들은 더 중요해졌다. 그런데 여기서 아이러니가 발생한다. 소셜미디어 시대로의 진입은 드넓은 세상에 홀로 떠 있는 자기 자신을 어느 때보다 극명하게 인식하게 만든 매트릭스의 알약이라는 사실이다. 모두와 연결됐는데 오히려 홀로인 자기 자신을 인식하다니, 무슨 말인가 싶을 것이다.

우리는 인류가 그 어느 시대에도 경험하지 못했던 수많은 사람들과의 연결 속에서 산다. 지구촌 곳곳에서 벌어지는 일을 실시간으로 목격하고, 나와 관계하는 사람들의 일거수일투족을 끊임없이 확인한다. 예전에는 직접 찾아가야지만 정보를 발견할 수 있었고 지인들의 생활을 구경할 수 있었다. 하지만 이제는 알림 서비스를 통해 친절히 챙겨주는 꼼꼼한 스마트폰 덕분에 궁금해하지 않아도 보게 되는 지경에 이르렀다. 그야말로 항상 연결되고 대화할 수 있는 상태를 맞게 됐는데, 문제는 내가 먼저 연결을 시도하지 않으면 아무런 소통도 일어나지 않는다는 점이다. 즉 내가 연결의 주체가 됐고, 그만큼 나라는 객체에 대한 자각도 커진 셈이다.

연결을 맺은 후에도 상황은 다르지 않다. 우리는 내가 관심을 가진 사람이거나 내가 관심을 지닐 주제를 이야기할 만한 사람을 연결한다. 싫어하는 사람을 연결할 이유는 없다. 이것은 곧 정서적 연결이다. 그런데 역설적이게도 이로 인해 그 어느 때보다 내가 혼자임을 자각하게 된다.

연애를 떠올려보면 이해하기 쉽다. 우리는 누군가를 정서적으로 받아들이기 시작하면 그 순간부터 끊임없이 상대를 의식한다. 그가 무슨 생각을 하는지, 어떤 행동을 하는지 그의 일거수일투족이 관심의 대상이다. 동시에 상대에게 나는 어떤 모습인지를 더욱 의식한다. 그에게 나는 괜찮은 사람으로 보일까를 계속 반문하며 스스로를 꾸미는 데 부단히 노력한다. 사랑과 같은 정서적 연결은 '우리'를 형성하지만, 동시에 상대방이 보는 '나'를 엄청나게 의식하도록 만드는 것이다.

불과 얼마 전까지만 해도 우리는 'We'의 세상에 살았다. 내가 아니라 우리가 중요한 사회였다. 나는 나로서 존재하는 것이 아니라 역할로서 존재했다. 즉 나는 어디인가에 속한 무엇이며, 어떤 역할을 하는 가로 구분되는 존재였다. 나는 대리나 과장, 부장으로서 혹은 가장으로서 존재했다. 우리가 없는데 어떻게 내가 있을 수 있냐는 사고방식이었다. 회사가 망하면 나 역시 어려워졌다. 회사가 곧 나였던 것이다. We 시대를 대변하는 전형이 바로 전자 메일 주소다. me@naver.com과 같이 항상 소속과 역할을 명시해야 했다. 그것이 없으면 메일을 주고받을 수 없었고, 고로 그것 없이는 내가 발견될 수 없었다.

반면 다이얼로그 시대로 접어들면서 위에서 말한 것과 같은 중요한 변화가 생기기 시작했다. 우리가 아닌 내가 중요해졌다. 연결을 하면 할수록 우리는 더욱 끊임없이 외부에 보이는 자신의 모습을 자각하게 된다. 남들에게 내가 어떤 모습으로 존재할까, 어떻게 비칠까를 계속해서 의식한다. 저 사람은 참 열심히 사는구나. 저 사람 대단한데? 나는 뭐지? 나는 별로 열정도 없고 그다지 창의적이지도 않아. 내가 지금 이렇게 앉아 있어도 되나? 뭐라도 해야 하는 거 아닌가?

사랑할수록 외롭다는 말처럼, 연결할수록 왠지 불안하고 조급해진다. 연결은 또 다른 관점에서 우리를 외롭게 만드는 것이다. 연결의 수가 적었을 때는 공동체가 곧 나 자신이었다. 하지만 연결의 수가 기하급수적으로 늘어나자 도리어 내가 세상의 중심이 돼버린 극적인 변화가 일어났다. 발가벗겨지듯 나 자신이 세상에 드러나는 시대. 이것이 지금 우리가 살고 있는 세상이다. 인생의 비전, 목표, 성공 등에 내가 없는 것은 상상할 수조차 없다. 바로 @Me의 세상이 된 것이다. 어떤 의미에서는 인류 역사상 가장 이기적인 인간이 출현했다고도 말할 수 있다.

더 많은 사람들과 연결될수록 오히려 나는 누구이고 어떤 생각을 하는지가 더 중요한 가치로 역전됐다. 내가 모든 것의 중심이 된 것이다. SNS는 나와 연관관계가 있는 사람들의 이야기를 제공하며, 지금 내가 서 있는 이곳에서의 이야기를 함께 나눈다. 모든 것은 나를 위한 경험과 연결돼 있다. SNS의 성패 여부는 내 욕구를 얼마나 잘 수용하느냐, 이것을 기반으로 얼마나 쉽고 효과적으로 소통할 수 있느냐에 달렸다. 개인화의 빅뱅, 이것이 지금 우리가 맞이한 세상의 핵심이다. 나 없는 우리는 존재하지 않는다. 이것이 바로 다이얼로그 세계다.

그러나 이런 인식들은 아이러니하게도 내가 세상의 중심에 있지 않음을 절감하게 만드는 이유가 되기도 한다. 과거에는 튀면 안 된다는 것이 불문율이었다. 남들과 다른 옷을 입거나 눈에 띄는 행동을 하면 호되게 정을 맞았다. 그런데 이제는 자신만의 무엇인가를 만들어야 하는 시대다. '나는 뭐지? 나는 다른 사람과 어떻게 다르지?' 수많은 관계 속에

■ 인류 역사상 가장 이기적인 인간이 출현한 @ME의 세상, 다이얼로그 시대에는 내가 있어야 우리도 존재한다.

서 타인과 자신을 비교하고, 그 가운데 좌절을 겪으면서 우리는 점점 외로워진다.

결국 우리는 함께 있지만 모두가 홀로 있는 세상을 살고 있다. 10년 전만 해도 휴대전화나 인터넷 없이도 사는 데 아무런 지장이 없었다. 그런데 지금은 어떤가? 이것들과 단 하루라도 단절되면 엄청난 소외감과 조급함에 시달린다. 그 짧은 순간 동안 나만 동떨어지고 뒤처질 것 같은 두려움을 느낀다. 일상생활에서 인터넷이나 휴대전화는 우리 존재의 일부나 마찬가지가 됐다. 따라서 그것과의 단절은 내 한 부분이 죽어 기능하지 못하는 것과 마찬가지다. 완전히 연결됐지만, 그로써 혼자임을 더욱 자각하고 혼자이지 않으려 애쓰는 이상한 세상. 우리는 전혀 새로운 단계의 서막을 맞이하고 있다.

디지털 네이티브 족의 출현

함께 있지만 모두 혼자인 세상, 혼자지만 또 모두 연결돼 있는 세상을 잘 사는 방법은 먼저 '따로 또 같이'의 중요성을 인지하는 것이다.

21세기로 접어든 지도 어느덧 10여 년이 흘렀다. '금세기' 라는 말로 수식하던 20세기도 이제 지난 세기로 불러야 한다. 20세기는 인류 역사상 전례가 없는 엄청난 격변의 시간이었다. 전반부는 제1차 세계대전과 대공황, 연이은 제2차 세계대전, 공산국가의 강성과 냉전시대로 인해 세계는 갈가리 찢기고 분열됐으며 이념 논쟁으로 들끓던 '장벽의 시기' 였다. 정치 장벽·무역 장벽·교통 장벽·통신 장벽·철의 장벽…. 그러다가 한순간에 뒤집혔다. 후반부로 접어들면서 장벽들이 와르르 무너지기 시작했고, 세계화가 급속도로 진행됐다. '전 지구적 무한경쟁의 시대' 로 접어든 것이다.

무한경쟁, 세계화에 대해 걱정과 우려의 시선이 많은 게 사실이다. 노동시장의 유연화라는 명목 하에 수많은 비정규직 노동자가 불합리한 노동환경을 감내해야 하는 문제라든가, 시장의 변화로 하루아침에 실업자가 될 수도 있는 현실이라든가, 자유무역의 명분 하에 농업 같은 저차 산업이 시장논리에 의해 보호받지 못하는 현실도 그중 하나다. 그러나 이 와중에 절대 놓치지 말아야 할 변화가 하나 있다. 바로 파이 나눠먹기식 세계관의 종말이다.

따끈따끈한 파이가 한 판 있다고 했을 때 파이는 나눠 먹을수록, 많이 먹을수록 양이 부족해진다. 다시 말하면, 물리적 재화나 부는 일정하게 정량이 있다보니 누가 그것을 취하면 나머지는 갖지 못하게 되는 것이다. 선진국이 부유해질수록 후진국은 가난해지는 논리다. 그런데 이 세계관이 종말하고 있다. 경제학자 알렉스 태브록Alex Tabarrok의 이야기를 들어보자.

"지금 우리는 단절되고 무미건조한, 그래서 비인간적이기까지 한 무한경쟁의 시대에서 건강하고 행복하며 풍요로운 아이디어를 공유하는 공동체 세상으로 나아가고 있다."

물리적 재화는 나눌수록 줄어들지만, 아이디어는 나눌수록 풍부해지고 공유할수록 그 가치가 커진다. 이른바 촛불 이론이다. 촛불은 나눌수록 불의 크기가 커진다. 촛불도 결국 촛농이 있어야 하고, 촛농은 이내 녹아 없어지기 때문에 결국 잠깐만 반짝일 뿐이라고 생각한다면 촛농의 정체를 파악하지 못한 탓이다. 촛농은 바로 사람이다. 꺼지지 않는 에너지와 잠재력을 가진, 유한한 존재지만 가능성이 무한한 인간이다.

시장은 점점 아이디어가 중요하게 자리잡아가고 있다. 예전에는 아이디어가 있어도 실현 비용이 너무 많이 들었다. 그러나 지금은 반대다. 실현 비용은 대단히 저렴하다. 앞서 제이미 올리버의 사례에서도 살펴봤듯이 아이디어만 좋다면 그래서 동참할 사람들만 있다면 실현은 문제가 안 된다. 결국 중요한 것은 내 생각을(따로) 다른 사람들과 함께 공유함으로써(같이) 새로운 에너지를 만들어내는 일이다. 태브록은 말한다.

"우리의 촛불로 자신의 불을 밝히면, 그들이 빛을 얻고 우리는 어두워지지 않는다."

따로 또 같이의 세상은 인간적이고 보다 근본적인 새로운 세계화의 패러다임이다. 이 시대에는 아이디어가 중요하다. 사과 하나로는 한 사람을 먹일 수 있지만 아이디어 하나로는 세계를 먹여 살릴 수 있다.

다이얼로그가 의미하는 바는 의미심장하다. 지금까지의 세상은 물리적·기능적으로 구분돼 있었다. 옆 동네, 옆 나라에 무슨 일이 일어나는

■ 디지털 언어를 자유자재로 사용하는 디지털 네이티브 족은 개인주의 성향이 강하지만 일단 관심사가 일치하면 쉽게 뭉치고 가볍게 협력하고 재빨리 새로운 도전을 시도한다.◆

지 알기 어려웠다. 하지만 기술의 발달로 지구촌 곳곳에서 일어나는 일을 거시적으로 볼 수 있고, 원하면 언제 어디서든 세계 곳곳의 정보에 접근할 수 있게 됐다. 그리고 마침내 정보의 바다를 넘어 그 너머에 있는 사람들을 촘촘하게 발견하고 소통할 수 있는 미시적인 연결들을 끌어내기에 이르렀다. 기술은 사람들을 서로 대화하고 만나게 만드는 방향으로 진보했다.

세상은 이제 하루에만 300억 건의 콘텐츠 공유가 일어나며, 엄청난 정보들이 폭발적인 속도로 사람들의 관계를 통해 확산되는 시대로 진입했다. 전화나 문자 메시지가 기본 소통 수단이었던 게 엊그제 같은데 카카오톡이나 페이스북, 트위터로 완전히 대체됐다. 그 결과 지금 이 순간의 소식과 생각들을 실시간으로 공유하며 TV와 라디오, 뉴스를 낡은 미디어로 취급하는 상황이 벌어졌다.

◆ http://www.flickr.com/photos/tf28/6612293519/

그리고 마침내 디지털 네이티브Digital Native 족이 본격적으로 무대의 중앙으로 걸어 나오고 있다. 그들은 디지털 기술이 일상으로 스며든 시대에 태어나 거부감이나 어려움 없이 자유자재로 기술을 활용하는 사람들로, 주로 젊은이들을 지칭했지만 이제는 나이에 국한되지 않는다. 스마트폰을 생애 최초의 디지털 기기로 접한 어린이들은 데스크톱이나 노트북의 모니터가 손가락 터치에 반응하지 않는 것을 이상하게 여기고, 인터넷을 지원하지 않는 기기나 게임을 이해하지 못한다.

그들은 궁금한 것이 있으면 언제든 스마트 기기를 이용해 정보를 스스로 검색하고, 필요한 것이 있으면 여러 인터넷의 정보를 활용해 직접 지식을 만들어낸다. 이들은 X세대, Y세대보다 사람들과 적극적으로 소통하고 협력한다. 개인주의 성향이 강하지만 관심사를 공유하는 사람들에게 다가가는 데 주저함이 없다. 쉽게 뭉치고 가볍게 협력하고 재빨리 새로운 도전을 시도한다. 그리고 이들이 세상을 바꾸기 시작하고 있다.

Chapter 3

열정은 어떻게 퍼져나가는가
: 피드백2.0의 원리

디지로그의 종말과 다이얼로그의 개막. 지금껏 없었고 앞으로도 없을 이 시대를 살아가기 위해서는 새로운 에너지가 필요하다. 연결과 소통, '따로 또 같이' 살고자 하는 의식은 새로운 에너지의 동력이다. 그렇다면 이러한 에너지를 더욱 확산시키기 위해서는 무엇이 필요할까. 답은 피드백이다.

피드백은 엔지니어 용어로, 신호가 발생하고 순환하는 것을 말한다. A와 B를 연결하는 원형 통로가 있다면 A에서 출발해 B로 갔다가 다시 A의 위치로 돌아온다. 이때 어떤 물체나 대상이 이 원통을 순환하는 것을 두고 피드백이라고 부른다. 청취자가 라디오에 전화를 걸어 DJ와 대화하려는 순간 '삐이~' 하는 소리가 나면 DJ가 라디오 볼륨을 줄여달라고 말하는 것도 피드백 현상 때문이다. 청취자의 목소리가 수화기를 타고 방송국으로 흘러들어가고, 방송국은 청취자의 목소리를 전파로 내보내고, 그 소리가 라디오를 통해 또다시 증폭해서 흘러나오고, 그것이 또 다시 수화기로 들어가 방송국으로 흘러가는 것이다. 그런데 라디오 소리를 줄이면 증폭이 멈춰 하울링 소리가 사라진다. 이렇게 신호가 증폭돼 순환하는 것을 강화 피드백Positive Feedback이라 하고, 볼륨을 줄이는 것처럼 신호를 안정화시키는 것을 피드백 안정화Negative Feedback라고 한다. 흔히 누군가의 이야기에 반응하고 내가 트윗한 트위터 메시지를 다른 사람이 답장Mention하거나 재전송Retweet하는 경우를 피드백이라고 생각하기 쉽지만, 이는 순환하지 않기 때문에 콜앤리스판스Call&Response라고 부른다.

■ 매스미디어는 다수의 사람들에게 한꺼번에 자신의 이야기를 전한다.

ⓒMatt Bell

보통 피드백 내의 신호는 각 순환의 지점을 지나가면서 마찰이 발생해 안정화되는 것이 정상이다. 비상연락망을 가동한다고 생각해보자. 연락을 받고 자신의 다음 연락자에게 메시지를 전하는 과정이 계속 이어질 것이다. 시간도 많이 소요되고 비용도 발생하는 지난한 과정이다. 소통에는 금전과 노력 같은 비용이 들고, 그래서 외부에서 에너지를 가하지 않는 이상 피드백 강화가 일어나기 쉽지 않다. 때문에 매스미디어가 엄청난 소통 능력을 확보해 지속적으로 방송하는 동안은 노출되는 사람들 사이에 그 메시지가 널리 확산되며, 그들의 생각과 반응 들이 미디어로 되돌아오고, 이것을 다시 방송하는 형태의 순환이 일어난다. 총선이나 대선 중계를 생각하면 이해하기 쉬울 것이다. 방송이 중계되는 동안은 엄청난 피드백이 발생하지만 방송이 끝난 순간 세상은 마치 아무 일 없었다는 듯 조용해진다.

그런데 인터넷과 소셜미디어가 널리 보급되고 소통 비용이 획기적으로 감소하면서 피드백 강화 현상이 폭발적으로 끓어오르기 시작했다. 점 대 면의 소통 방식인 소셜미디어는 지극히 간단한 방법으로도 연대를 만들 수 있고, 이야기를 빠르고 쉽게 확산할 수 있다. 모두가 미디어가 됐다. 상대방의 이야기에 대한 내 반응 자체도 미디어였다. 방송이 한꺼번에 많은 사람들에게 일방적으로 메시지를 전파하는 방식이었다면, 소셜미디어는 메시지를 전하는 동시에 듣는 무전기 방식을 취했다.

누군가가 무전기에 대고 말을 하면, 그 말을 들은 사람은 자신의 무전기에 대고 이야기를 전한다. 들은 그대로 전하기도 하고 자신의 생각을 더해서 전하기도 한다. 같은 무선 채널을 쓰는 모든 사람들이 이 이야기를 듣는다. 이야기를 들은 사람들은 각각의 무전기에 또 이야기를 시작하고, 처음 발신자에게도 무전기를 통해 이야기가 전달된다. 처음의 이야기는 이런저런 살이 붙어 전혀 새로운 이야기로 변모돼 전해진다. 즉 강화 피드백이 일어나는 것이다. 이렇게 해서 순식간에 새로운 이야기가 공유되고, 다른 사람에 의해 또 다시 반복되고 확대된다.

사람들이 채널을 통해 흘려보내는 이야기들은 뉴스 기사거리가 아니다. 사람들은 정서를 함께 담는다. 피드백 강화 현상의 비밀은 바로 정서다. 그것이 얼마나 강력한 의미를 갖는지는 다음 장에서 자세히 다룰 것이다. 이것이 바로 피드백2.0◆이다. 피드백은 처음 발신자에 의해서가 아닌 수신자들에 의해 복제 확산되는 구조다. 사람들에 의해 이야기가 퍼져나가고, 이것이 매스미디어에서 다뤄지면서 증폭되고, 다시 사람들에 의해 확산되는 강화 피드백 현상이 일어난다. 이 시대의 에너지를 적극적으로 활용하기 위해서는 이 원리를 제대로 이해해야 한다.

손님에게 발견되지 않기 위해 애쓰는 가게

서울 강남의 신사동에 가면 대단히 흥미로운 식당이 하나 있다. '완소'라는 이름의 이 식당은 1년 365일 항상 '영업 종료CLOSED' 상태다. 저녁에 식당 앞을 지나치다보면 내부에 조명도 켜져 있고 간판에도 환하게 불이 들어와 있는데도 영업 종료 표시가 문 입구에 붙어 있다. 우연히 완소를 발견한 손님이라면 의아해하며 발길을 돌릴 수밖에 없다. 사실상 장사를 안 하겠다는 것과 다름없는 셈이다. 설상가상으로 완소는 저녁 9시부터 새벽까지 영업을 한다. 가게 주인이 제정신이라면 이건 완

◆ http://www.youtube.com/watch?v=GSQs20nR0yg

■ 신사동에 위치한 완소. 1년 365일 내내 '영업 종료' 팻말을 내걸어놓지만 고객들의 입소문을 타고 성황리에 영업 중이다.

전혀 배짱을 부리는 게 아닌가. 하지만 이 가게는 손님들로 늘 만원이다. 왜일까?

만약 완소를 이용해본 적 있다면 처음은 필시 누군가에게 초대를 받았을 것이다. "신사동에 굉장히 독특한 식당이 있는데 같이 안 갈래? 메뉴가 뭐냐고? 일단 가보면 알아"라고 하면서 말이다. 그리고 식당 안으로 들어서면 완소의 비밀을 바로 눈치 채게 된다. 내부 장식이 독특하거나 주인이 엄청 잘생겨서가 아니다. 완소에서는 손님이 내키는 대로 메뉴를 고를 수 있다.

사케를 기본으로 하는 메뉴가 엄연히 존재하긴 하지만 가게 주인 겸

주방장은 손님에게 무엇을 먹고 싶은지 반드시 묻는다. 딱히 메뉴가 생각나지 않더라도 걱정할 것 없다. "음… 매콤하면서도 고소하고 뭔가 입맛이 도는 거 없을까요?", "잘 모르겠는데 요즘은 뭐가 좋죠?"

보통 식당에 가서 이렇게 주문한다면 메뉴판을 보여주며 '이중에서 고르시지요' 라는 단호하고 냉정한 눈빛과 마주하게 될 가능성이 높다. 하지만 완소는 "아하, 그러면 요즘 도미가 제철인데 도미회무침이 어떨까요? 술은 사케를 드시면 좋을 것 같고요"라며 즉석에서 적당한 메뉴를 추천해준다. 주인은 함께 온 손님의 수와 분위기, 성향에 맞게 정성껏 요리를 준비해서 내놓는다. 맛은 항상 최고 수준이다.

초대받은 손님은 감동하며 자신을 데려온 일행에게 정말 고맙다고 감사를 표시하고 다음에 자기도 사람들을 데려오겠노라 다짐한다. 연인의 데이트 장소로도 그만임은 말할 것도 없다. 손님을 위한 음식을 준비하는 곳, 손님의 행복한 시간을 위해 최선을 다하는 곳이 완소다. 그저 지나치다 끼니를 때우기 위해 들르는 손님은 완소에서 소중한 시간을 보내는 다른 사람에게 방해가 될 뿐이다. 설사 그런 사람이 가게에 들어온다고 하더라도 특별한 순간을 맞이할 준비가 돼 있지 않기 때문에 만족도 또한 높지 않다. 완소는 항상 전화로 예약하고 방문해야 한다. 주인은 그날 완소를 이용할 고객만을 위한 식단을 준비하는 것이다.

과거에는 아무리 의도가 좋다 하더라도 완소와 같은 곳은 성공하기 힘들었다. 몇몇 사람만 아는 가게에 손님이 몰릴 턱이 있겠는가. 어떻게든 사람들에게 알려지기 위해 갖은 방법을 다 동원해도 살아남을까 말까 한데, 별도로 홍보를 하지도 않을뿐더러 심지어 입구에 영업 종료 팻

말까지 붙여놓다니! 그야말로 자살 행위였다. 하지만 다이얼로그 시대를 견인하는 발견 비용의 감소는 이 문제를 완전히 새로운 차원으로 승화시켰다. 완소는 주인이 아니라 고객이 홍보를 담당했고, 이것은 대단히 의미 있는 영향력을 만들어냈다.

우리는 무엇을 신뢰하는가

우리는 남이 모르는 무언가를 발견했을 때 어떻게든 다른 사람에게 말하고 싶어 한다. 완소를 한번 이용한 손님은 꼭 한 번 가봐야 할 곳이라며 두고두고 입소문을 낸다. 이런 형태의 광고는 얼마나 효과가 있을까? 각종 온·오프라인 미디어의 광고에 비하면 미미한 수준일까? 5년 전에는 그랬을지 모른다. 하지만 지금은 미디어에 노출되는 대규모 광고가 크게 효과 없다는 사실을 잘 안다. 내가 '관심도 없는 곳'에 그럴듯하고 자극적인 광고를 아무리 담아봐야 눈길조차 주지 않는다.

정보가 넘쳐날수록 우리는 신뢰를 보장할 수 있는 출처에 더 귀를 기울인다. 여기서 흥미로운 점은 신뢰할 만한 출처들이 메시지를 전하는 방식이다. 그들은 'What'이 아니라 'Why'를 이야기한다. 내가 그곳에 가야 하는 이유를 설명하는 것이다.

포레스터 리서치Forrester Research가 2008년 실시한 조사 결과에 따르면 소비자의 14퍼센트만이 광고를 신뢰하는 것으로 나타났다. 78퍼센트는 지인의 이야기를 신뢰한다고 대답했다. 인적으로 연결돼 있고 관심사

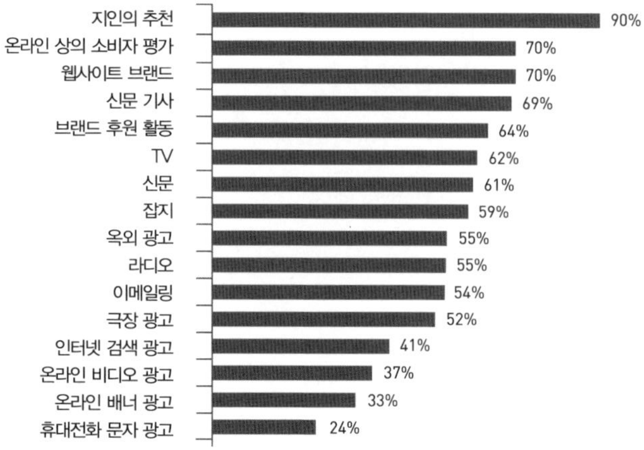

■ 전 세계 소비자를 대상으로 한 광고 신뢰도 조사◆

를 공유하는 사람의 말을 믿는다는 것이다. 그들은 매스미디어를 통한 광고(TV, 라디오, 신문, 메일 등의 광고)를 그다지 신뢰하지 않는다고 답했다. 비슷한 설문 결과는 또 있다. 닐슨 미디어 리서치Nielsen Media Research가 2009년 전 세계를 대상으로 실시한 신뢰도 조사에서 복수 대답을 허용했더니 무려 90퍼센트가 지인의 추천을 신뢰한다고 대답했다.

이것은 무엇을 의미할까. 간단한 질문만으로 그 의미를 알 수 있다. 만약 당신의 동료가 "와, 어제 《스파크》라는 책을 읽었는데, 두뇌 샤워를 하는 기분이더라니까! 꼭 읽어봐!"라고 말했다면 당신은 일단 '구매하는 게 좋겠군'이라고 받아들인다. 만약 동료에게 "좋은 책 없어? 추천 좀 해줘봐"라고 물었던 경우라면 더더욱 상대의 의견에 더 힘이 실

◆ Nielsen Global Online Consumer Survey April 2009

린다. 마음을 적극적으로 연 상태이기 때문이다. 직접적으로 닿아 있지 않은 사람이라 하더라도 내적으로 연결돼 있다면 마찬가지 효과가 발생한다. 만약 친구에게서 "오늘 안철수 씨가 교보문고에 가서 《스파크》를 구입했다던데?"라고 듣는다면 온라인 서점의 장바구니에 책을 담아 놓을 가능성은 훨씬 높아진다. 내적으로 연결된 관계에서는 상대방의 말을 쉽게 '믿어버리는' 것이다. 그리고 이 말들은 나를 통해, 나와 연결된 사람들을 통해 마구마구 퍼져나간다.

그렇다면 매스미디어나 각종 인터넷을 통한 온라인 홍보는 소용이 없을까? 그런 의미가 아니다. 많은 사람들에게 노출하고 자극을 줄 수 있는 가장 강력한 수단은 여전히 매스미디어다. 한 번에 고정적으로 수십만에서 수백만 이상의 사람에게 메시지를 전달할 수 있기 때문이다. 사람들은 하루 종일 광고에 노출돼 있다고 해도 과언이 아니다. 길거리를 다니는 동안, 버스와 지하철을 타고 있는 동안, TV나 신문을 보는 동안, 심지어 유튜브를 보는 동안에도 끊임없이 광고에 노출된다. 정보의 홍수만큼이나 광고의 홍수에 빠져 산다고 해도 과언이 아니다.

그런데 자극이 너무 많이 들어오면 오히려 그것을 의식에서 배제해버린다는 데서 문제가 발생한다. 하루 종일 수많은 시각 정보를 받아들이지만 오늘 무엇을 보았는지 되돌아보면 별로 기억이 나지 않는 이유와도 마찬가지다.

광고는 이제 자동적으로 무시된다. 사람들이 광고를 거짓이라고 생각해서가 아니라 신뢰하지 않는다는 뜻이다. '아, 저건 거짓말이야, 아 저건 너무 과장인데?' 같은 차원의 문제가 아니다. 그런 의식조차 없이 그냥 또 하나의 지나치는 자극으로 넘기고 만다는 것이다. 예컨대 좋아하는 유명 연예인이 나오는 광고를 봤다고 치자. '이야, 멋지다' 라며 좋아하겠지만, 그것이 제품을 사는 것과 무슨 관계인가? '광고에 내가 좋아하는 연예인이 나와' 라며 주변에 입소문을 낼까? 남들도 지겹도록 보는 광고인데 말이다. 광고주가 물량 공세로 광고를 노출하지만 그 효과는 늘 기대 이하일 수밖에 없는 까닭이 여기에 있다. 광고주는 갈수록 더 자극적인 메시지를 전달하기 위해 애쓰지만 그럴수록 소비자는 아예 쳐다보지도 않으려고 애를 쓰는 악순환이 벌어진다.

그렇다면 많은 사람들이 선택한 제품이나 서비스라면 보다 신뢰할 만하지 않을까? 책을 예로 들어보면, 베스트셀러는 일반적으로 한 주 동안의 판매 순위를 집계해서 순위를 매긴다. 사람들이 그만큼 많이 구입하는 책이 베스트셀러다. 때문에 내가 책을 사 본다면 당연히 베스트셀러를 우선 선택할 가능성이 높다. 베스트셀러는 온·오프라인 서점의 주요 위치에 진열되고 집중적으로 사람들에게 홍보가 되니까 말이다.

하지만 어찌된 일인지 베스트셀러는 더 이상 베스트셀러가 아니다. 베스트셀러라면 과연 몇 권 정도 팔렸을까? 예전에는 보통 10만 권, 많게는 100만 권을 넘어섰다. 하지만 요즘은 1만 권만 판매돼도 베스트셀러다. 설상가상으로 하루에만 수백 종의 책이 출간되기 때문에 출판사들은 자사의 책이 단숨에 베스트셀러에 진입하도록 하기 위해 각종 홍보와 판매 작전을 펼친다. 그래서 전국 베스트셀러 1위라고 하면 100만 권은 거뜬히 판매됐을 것 같지만 실제로는 그것의 10분의 1도 안 되는 경우가 대부분이다. 독자들에게 자연스럽게 선택돼 스테디셀러에서 베스트셀러로 진입하기를 기대하는 것은 거의 불가능에 가깝다. 출판 관계자들은 볼멘소리를 한다.

"우리나라 사람들은 책을 너무 안 읽어요."

정말 그럴까? 국내 한 대형 온라인 서점의 트래픽을 분석해봤다. 해당 서비스의 메인 사이트를 통해 상품 정보를 검색하고 발견하는 비율과 비교했을 때, SNS나 각종 사이트의 책 상품에 대한 링크를 타고 곧바로 상품 정보 페이지로 이동하는 경우가 전체 트래픽의 65~70퍼센트 정도를 차지했다. 서점의 메인 사이트를 통해 책을 검색한 다음 장바구니까지 도달하는 비율은 불과 5퍼센트에 불과했다. 이게 무슨 뜻인가? 독자들을 대상으로 하는 서점의 메인 광고 노출이나 뉴스레터 등의 홍보 방법은 상당 부분 효과가 없다는 말이다. 결국 독자들이 관심을 가질 만한 정보들을 SNS 채널에 노출해서 사람들끼리 공유할 수 있는 환경을 만드는 게 더 중요하다는 의미다. 책뿐만이 아닐 것이다. 이제 상품은 광고가 아닌 '사람'에 의해 홍보·확산·판매되는 시대로 접어들었다.

피드백2.0이 만들어낸 변화들

엄밀히 따지면 피드백2.0은 @me 시대와 더불어 다이얼로그 시대를 구성하는 하위개념이다. 정보나 기계가 아닌 사람과 사람의 연결을 중심으로 돌아가는 다이얼로그 시대는 그 어느 때보다 사람, 그중에서도 특히 내가 중요한 @me 시대를 가능케 했고, 사람과 사람의 연결은 피드백2.0을 통해 새로운 에너지들을 만들어내고 확산시켰다. 그럼에도 피드백2.0을 다이얼로그 시대와 별도로 다루는 이유는 다이얼로그와 @me가 세상을 움직이는 원리라면 피드백2.0은 세상을 움직이는 방법에 가깝기 때문이다. 우리는 피드백2.0을 이해함으로써 세상을 움직이고 활용하는 방법을 배울 수 있다. 그것은 세상을 변화시키는 힘을 갖는다는 의미기도 하다.

과연 피드백2.0은 어떤 변화들을 만들어내고 있는가. 매스커뮤니케이션 학자인 클레이 서키Clay Shirky 뉴욕대학교 교수는 기술 발전의 결과 미디어와 대중의 관계가 일방적인 관계에서 상호작용 관계로 발전했고, 이제는 대중 간의 관계 자체가 미디어로 변모했다고 설명한다. 처음에 청중은 미디어를 소비하는 존재였다. 하지만 인터넷이 인프라화되면서 미디어와 양방향으로 소통하기 시작했다. 각종 의견을 방송사나 언론사의 홈페이지에 게시하고, 해당 매체들은 시청자의 참여를 실시간으로 독려했다. 소수의 전문가들이 만들고 운영하던 매체가 다수의 참여자들이 만들고 대화하는 형태로 발전했다. 하지만 2010년이 지나면서 이런 양상은 또 한 번 완전히 변한다. 다이얼로그 시대로 진입한 것이다.

앞서 언급했듯이 연결의 수가 늘어나는 만큼 경우의 수는 기하급수적으로 커진다. 인터넷이 전기처럼 언제든지 공급되는 공공 기반시설이 되자 세상은 정보로 넘쳐났고, 검색 한 번이면 거의 모든 정보들에 접근할 수 있게 됐다. 아는 것이 힘이라며 노하우KnowHow가 최고라고 외치던

■ KnowWhom 시대를 선도하는 트위터의 대표이사 에반 윌리엄스(좌)와 페이스북의 CEO 마크 주커버그(우).

게 엊그제의 일이고, 정보가 넘쳐나니 정작 필요한 정보가 어디 있는지를 찾아내는 능력이 중요하다며 노웨어KnowWhere를 주목했던 게 어제의 일이다. 광고를 포함한 신뢰할 수 없는 정보들이 넘쳐나는 가운데 진짜와 가짜를 구분하는 일이 어려워졌기 때문이다. 정보를 신뢰할 수 없을 때 우리는 아는 사람에게 의지한다. 믿을 수 있는 사람이거나 최소한 거짓말을 하지 않는 사람에게 말이다. 과잉 연결 시대가 진행될수록 사람 간의 신뢰와 평판이 함께 중요해지는 것은 바로 이러한 이유 때문이다.

이제 노훔KnowWhom의 시대라는 말은 그래서 자연스럽다. 트위터의 대표이사 에반 윌리엄스Evan Williams와 페이스북의 CEO 마크 주커버그Mark Zuckerberg는 이 점을 놓치지 않았다. 그들은 즉시 인터넷에 사람의 바다를 설계했고, 영리하게도 브랜드가 아니라 평판을 기반으로 하는 서비스 모델을 구상했다. 즉 나의 메시지가 다수에게 한꺼번에 퍼져나갈 수 있는 미디어 방식의 점 대 면의 소통 구조를 만들어 평판을 구축할 수 있도록 한 것이다. 미디어의 미디어, 한 사람 한 사람이 곧 방송국과 같은 형태의 미디어의 모습을 띄는 것, 바로 소셜미디어의 탄생이다.

특히 트위터는 소셜네트워킹 서비스라기보다 소셜 뉴스 서비스에 가깝다. 자신의 이야기를 타인들에게 방송하는 방식이고, 또 다른 이들이 거기에 답을 달거나 재전송할 경우, 그것은 그의 팔로워들에게로 확산되는 형태기 때문이다. 나의 관심사를 방송하는 미디어. 우리는 오늘 이러한 방식이 세계적인 열광을 받고 있음을 목격하고 있는 것이다.

한편 소셜미디어가 널리 보급되면서 기존의 미디어가 사용하던 소통의 불균형 전략은 급속도로 약화되기 시작했다. 대다수에게 독점적인 메시지를 내보낼 수 있었던 방송국은 이제 그 지위를 다른 인터넷 매체에 빼앗겼을 뿐 아니라 소셜미디어에도 위협당하고 있다. 다양한 연결이 생기고, 발견 비용이 극적으로 감소했다. 관심사를 공유하는 부족들이 수없이 생겨나고 그 규모가 의미 있는 수준 이상으로 커지면서, 무엇보다 완소 같은 식당조차 사람들에게 사랑받는 상황이 되면서, 기존의 미디어는 대중에게 외면당하는 위기에 처했다. 종편 프로그램들의 시청률이 1퍼센트도 되지 않는 주요 이유는 그저 방송 콘텐츠의 품질 때문이 아니다. 사람들이 '다른 곳'에 가 있기 때문이다.

사람들은 소셜미디어를 위시한 다른 곳에서 계속해서 피드백을 만들어내고 있다. 작은 이슈 하나도 네트워크를 통해 순식간에 퍼져나가고 내 이야기에 대한 반응을 실시간으로 통지받는 것은 인간의 욕구를 충족하기에 충분했다. 결국 이것은 다수의 참여자들이 다시 다수의 참여자들과 소통하도록 만들었고, 나아가 완전한 미디어만큼의 영향력을 갖기에 이르렀다. 특정 팟캐스트의 다운로드 수가 1,000만 번이 넘는다. 웬만한 인기 드라마의 시청률에 버금간다. 이처럼 메시지는 피드백 현상에 의해 계속해서 확산되고 공유되며, 사람들은 어느 때보다 이야기의 너머에 있는 진짜에 주목한다.

자, 이것이 지금 우리가 발 딛고 서 있는 현실이다. 도무지 가늠할 수 없는 속도로 발전하는 기술, 마치 비웃기라도 하듯 모두의 상상을 가뿐히 뛰어넘는 새로운 생각, 좀처럼 따라잡을 수 없는 것 같은 폭발적인 열정. 지금 우리가 살고 있는 세상은 '살고 있다' 라는 말이 무색할 정도로 좀처럼 파악되지 않는 변화와 혁신으로 들끓는다. 그런데 왜 나는 이토록 창의가 어려울까? 왜 우리에게는 열정이 없을까? 그 이유는 새로운 세상에 걸맞은 새로운 에너지를 찾지 못했기 때문이다. 창의와 열정은 세상에 발맞춰 변모하고 발전한다. 진정한 창의와 열정을 갈구한다면, 시작은 지금 세상이 어떻게 돌아가고 있는지 세상에 대한 이해에서부터 시작해야 한다.

우리는 이제 막 세상에 대한 이해를 마쳤다. 다음은 이 세상에 필요한 새로운 에너지를 어떻게 만들어내고 증폭시킬 것인가에 대한 이야기다.

우리는 이전까지 겪어보지 못한 새로운 세상을 경험하고 있다. 세상은 뜨겁게 달아오르고 있다. 이슈 하나에 많은 사람들이 다양한 의견을 펼치고, 그 결과 혁신적인 생각이 잉태하며 또한 그것에 많은 사람들이 열광한다. 그런데 정작 나 자신은 뜨겁지 않다. 세상에 발맞추지 못한다는 열패감과 좌절감에 허덕이는 사람이 적지 않다. 그 열기에 어떻게 동참할 수 있을까. 나는 어떻게 해야 달아오를 수 있을까. $E=mC^2$은 바로 그 의문에 대한 가장 적합한 답이다. 열정을 증폭시키기 위한 이 공식이 당신의 잠든 머리와 가슴을 깨워 열정과 창의의 불을 지필 것이다.

PART 2

열정 증폭의 법칙, $E=mC^2$

Chapter 4

왜 우리는 밖에서만 열정적인가

: $E=mC^2$의 정체

우리는 모두 열정적이다! 단, 회사 밖에서. 왜 회사 안에서는 열정이 불타지 않을까? 수많은 이유가 있겠지만 가장 큰 이유는 바로 내재적 동기다. 당신에게 회사란 어떤 곳인가. 재미가 없어도 의미가 없어도 해야만 하기 때문에 일하는 곳으로 여기는 사람들이 많을 것이다. 시키는 일을 그저 묵묵히 열심히 해야만 하는 곳이 회사라는 인식이 팽배해 있다. 세상은 Me를 중심으로 돌아가는데 여전히 We가 지배적인 세상을 사는 사람들은 회사에서 열정을 펼치지 못한다. 사람들 앞에서 생각을 잘 드러내지 않을뿐더러, 조직이나 집단이 만들어낸 의식에 스스로 동조하고 만다. 일이 생기면 가장 먼저 자기 자신이 양보한다. 이런 이유로 늘 열심히 일하지만 그렇게 만들어낸 성과에 정작 자기 자신은 포함되지 않는 일이 발생한다. 내가 나 자신으로서가 아니라 역할로서만 존재하니까 말이다.

그렇다면 반대로 열정은 왜 회사 밖에 있을까? 출근하면 퇴근을 기다리고, 월요일부터 금요일을 재촉하고, 회사를 벗어나는 순간부터 눈이 반짝이는 이유는 왜일까? 그것이 자기계발에 관한 생산적인 일이든 그저 신파 드라마를 보는 일이든 밤늦도록 신나게 술을 마시는 일이든, 밖에서 벌어지는 모든 일에 열광하는 까닭은 왜일까?

그것은 내 의지로 선택한 일이기 때문이다. 끌리는 대로 내키는 대로 하고 싶은 일을 하는 것, 그 자체가 큰 내적 동기가 된다. 즉 일의 중심에 내가 있을 때 사람들은 그 일에 의미를 느끼고 열정을 불태운다. 그런데 여기에 또 다른 이유가 하나 더 있다. 자신과 그것을 함께 나눌 누군가다. 내가 중심이 되면서 동시에 그에 동조할 사람이 있을 때 내적 동기는 더욱 증폭된다. 인간은 혼자 있음을 절대적으로 두려워한다. 무엇을 하든 직간접적으로 사람들과 연결되고 싶어 한다. 연결의 감소 내지 결핍은 참을 수 없는 고통이다. 즉 우리는 나와 정서적 동질감을 지닌 사람과 함께 하고 싶은 일을 할 때 열정을 불태운다.

내적 동기의 과학을 연구하는 미래학자 다니엘 핑크Daniel H. Pink는 사람들의 자발적 열정과 행동을 이끌어내는 세 가지 요인으로 주도성, 전문성, 목적성을 제시한다.

주도성은 삶의 방향을 스스로 결정하고 싶어 하는 욕망이고, 전문성은 의미 있는 일을 좀더 잘하고자 하는 욕망이며, 목적성은 자기 자신보다 더 큰 무언가를 향해 움직이고 싶다는 열망이다. 누구나 자기 의지로 자신이 잘할 수 있는 일을 하면서 세상에 의미 있는 사람이 되기를 바란다. 이들 요인 중 하나만 충족돼도 그 일에 평소 이상의 에너지를 쏟는다.

여기에 더해 사회학자 레스 기블린Leslie T. Giblin은 저서 《인간관계의 기술How to Have Confidence and Power in Dealing with People》을 통해 누구나 타인에게 온전히 수용되고 인정받고 가치 있는 존재로서 공감을 얻고자 하는 욕망을 갖고 있다고 지적한다. 그는 이것을 '정서적 굶주림Human Hunger'이라고 표현했는데 매일 식욕을 느끼듯이 지속적이고 기본적인 욕구라는 의미다. 우리는 이런 욕구가 충족될 때 기대치를 뛰어넘는 내적 에너지를 끌어낼 뿐 아니라 적극적으로 자신을 드러내고 사람들과 협력을 시도한다.

■ 미래학자 다니엘 핑크는 주도성, 전문성, 목적성 세 요인이 자발적 열정과 행동을 이끌어낸다고 주장한다.◆

이러한 내적 동기의 메커니즘을 파악하고 나면 회사 밖에서뿐 아니라 안에서도 열정적일 수 있다. 라젠드라 시소디어Rajendra Sisodia 벤틀리대학교 교수는 『조선일보』와의 인터뷰에서 조직원의 열정을 깨우는 비결을

◆ http://www.flickr.com/photos/hsm_brasil

'내가 특별하다'는 느낌의 부여라고 설명한 바 있다.

"'생업에 대한 소명의식'이란 말이 있는데, 이는 단순한 직업이 아니라 내가 이 일을 하기 위해 태어났다는 의미입니다. 돈을 주지 않아도 회사에 오겠다는 말입니다. 금요일에 복권에 당첨이 돼도 월요일에 일하러 가는 것이죠. 지금 하는 일이 나에게 뜻 깊고 의미 있다면 가능합니다. '내가 특별하다'는 느낌을 받게 하는 것입니다."

결국 열정에 불을 지피는 핵심은 '나'에 있다. 회사 안이든 밖이든 공간이 중요한 게 아니다. 내가 어떤 생각을 갖고, 어떤 마음으로, 어떻게 행동하느냐에 따라 열정은 불같이 타오르기도 하고 한 줌의 재로 사그라지기도 한다. 무기력한 자신으로부터 벗어나고 싶은 비즈니스맨이라면 자신이 하는 일이 어떤 의미를 갖는지, 그 일에 주체성과 의미를 부여하려는 노력이 필요하다. 단순히 돈을 벌기 위해서가 아니라 내게 나아가 세상에 도움이 되는 일이라는 의식의 전환은 열정의 씨앗임에 틀림없다. 반대로 조직에 열기를 불어넣고자 하는 리더라면 조직원 한 사람 한 사람에게 그가 얼마나 특별한지, 지금 하는 일이 얼마나 큰 의미를 지니는지를 일깨울 수 있어야 한다.

여기에 더해 열정을 라이트사이징Rightsizing하는 것도 중요하다. 세스 고딘은 역시 개념의 연금술사다. 블로그에 올린 그의 글 'Rightsizing your passion'이 바로 또 그렇다. 그는 '목표를 크게 해라, 작게 잡아라'와 같은 업·다운사이징이 아니라 충분히 도전할 만한 크기의 목표를 잡을 것을 주문한다. 왜냐하면 목표가 너무 크면 두려움이 커져 열정을 갖기 어렵고, 목표가 너무 작으면 열정이 금방 식어버리기 때문이다.

무조건 열정을 품는 것이 능사가 아니다. 자신에게 맞는 적당한 목표를 세우고 그에 맞춰 열정을 가동하는 것이 효과적이다.

나 자신으로의 르네상스, MeWe의 탄생

다이얼로그 시대로 접어들면서 우리는 점차 자기 자신에 주목하게 됐다. 타인의 일거수일투족을 들여다볼수록 그 속에 비친 자신의 모습을 의식하는 것이다. 다른 사람들은 열정적인 것 같은데 나는 아닌 것 같아 불안하고, 내가 하는 일에 무슨 의미가 있는지 걱정이 밀려온다. 결국 사람과의 연결은 오히려 개인화를 극대화시켰다.

세상의 중심에 나를 놓게 됐다. 우리가 있어야 내가 있다는 사고관은 내가 의미를 느껴야 우리가 있다는 생각으로 변이했다. 혹자는 이런 시대의 변화를 부정적으로 바라본다. 개인화의 끝은 외로움, 고독, 고립감일 수밖에 없다는 것이다. 하지만 이것은 극히 단편적인 인식에 불과하다. 외로워진 게 아니라 집단이라는 익명성 속에서 스스로 걸어 나오기 시작한 것이다. 개인화되는 만큼 그리고 외로워지는 만큼 내가 속한 집단보다 나의 솔직한 생각에 주목한다. 자신의 눈으로 세상을 바라보고, 자신의 머리로 세상을 이해하고, 자신의 의지로 세상을 바꾸는 것이다.

SNS에 올라온 글이나 미디어 콘텐츠를 보고 '와, 나도 하고 싶었던 건데!', '같이하시죠' 같은 몇 마디가 오가고 곧바로 페이스북 그룹 같은 관련 조직을 결성한다. 내가 던진 이야기에 의외로 많은 사람들이 공감을 표시하면, 역시나 비슷한 결과가 이어진다. 클릭 몇 번만으로 동의를 표하고 조직을 결성하고 이야기를 나눌 수 있다.

서로를 연결하는 매개만 있다면 사람들은 쉽게 뭉친다. 온·오프라인을 가리지 않는다. 필요나 상황에 따라 얼마든지 그 사이를 넘나들 수 있다. 정서적 교감이 일어나기 때문이다. 자신이 잘하는 일, 좋아하는 일, 의미가 있다고 생각하는 일을 자기 의지로 함께하고자 하는 사람들과 연결이 일어나기 때문이다. 강력한 정서적 동기가 유발되는 것이다.

생면부지의 사람들이 온·오프라인에서 느슨한 관계로 만나 상대에게 강하게 이끌리면서 함께 미래를 만드는 일은 정서적 동질감을 확보하지 않으면 불가능하다. 처음 만났지만 마치 오랫동안 알고 지낸 사이처럼 금방 의기투합해서 새로운 일을 함께 도모한다. 자신의 생각을 자유롭게 표현하고, 여기에 다른 사람들이 공감하고 동참할 수 있는 인프라가 갖춰지면서 우리는 큰 변화를 맞았다. 즉 '나 자신으로의 르네상스'를 맞이한 것이다.

엮이고 들끓는 중심에 내가 있다. 다양한 사람은 곧 다양한 생각이 됐고, 그 다양한 생각들이 한데 어우러질 수 있는 환경이 갖춰지면서 진정한 소통이 가능해졌다. 다이얼로그는 그런 스펙트럼을 창발할 수 있는 멍석을 제공했고, 결국 '내가 중심이 되는 우리'라는 전혀 새로운 패러다임이 탄생했다. 이름하여 MeWe의 세상이다. 관심사를 함께하는 사람들끼리의 우리, 각자가 개인적인 열정을 추구하는 우리, 즉 내가 중심이 되는 우리가 탄생한 것이다.

이제 우리는 놀라운 현장을 목격하게 된다. 수십 명에서 수만 명의 나

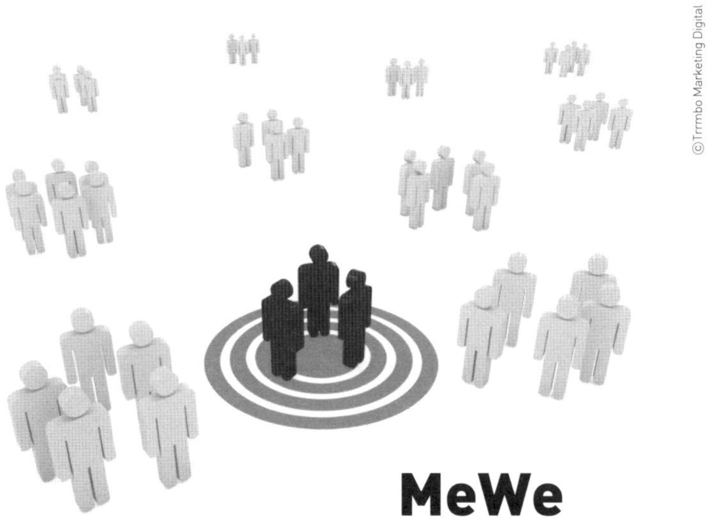

■ 다이얼로그 시대는 내가 중심이 돼 우리를 형성하는 새로운 패러다임이 탄생했다.

로 구성된 우리가 만들어내는 뜨거운 변화의 세상을 말이다. 특히 MeWe라는 개념이 조직에 이식되면 놀라운 창의와 혁신의 에너지가 만들어진다. 대표적인 예가 세계적인 건축가 안도 다다오安藤忠雄의 건축사무소다. 과감한 도전들을 감행해 기존 건축업계에 파장을 일으킨 이 회사의 운영 철학에 대해 다다오는《나, 건축가 안도 다다오建築家 安藤忠雄》에서 이렇게 밝힌다.

"우리는 지휘관 한 사람과 그의 명령을 따르는 병사들로 이루어진 '군대'가 아니다. 공통된 이상을 내걸고 신념과 책임감을 가진 개인들이 목숨을 걸고 움직이는 '게릴라 집단'이다."

즉 다다오와 그의 건축사무소 구성원들이 이룩해낸 혁신들은 개인을 중심으로 한 집단이었기에 가능했던 결과다. 개인과 개인이 연결되고, 그들의 연결이 만들어낸 시너지가 새로운 도전들을 성공시켰다. 이렇듯 MeWe는 온라인에서만 가능한 개념이 아니다. 온·오프라인을 넘어 지금 세계의 전체를 움직이는 주요 키워드다.

새로운 에너지 법칙, $E=mC^2$

한 기업에서 벌어진 일이다. 이 회사는 고객 서비스를 외부 대리인에게 하청했는데, 대리인은 사사건건 의견을 물어왔다. 고객이 불만을 제기했는데 환불을 해줘야 할지, 막무가내로 고집을 부리는 사람이 있는데 어떻게 대응하면 좋을지 등등. 이유는 별도의 매뉴얼을 주지 않은 데 있었다. 일을 '대신' 하는 입장에서는 자신의 판단만으로 해결기에는 두려움과 걱정이 앞서 스스로 판단하는 대신 본사에 결정을 확인했던 것이다. 결국 회사의 책임자는 결단을 내려 "저에게 자꾸 승인을 요청하지 말고 본인이 옳다고 생각하는 대로 진행하세요"라고 지시했다.

결과는 어떻게 됐을까. 감시를 벗어난 대리인이 자기 마음대로 일한 탓에 고객 서비스 품질이 저하되지 않았을까. 어차피 자기 회사 일도 아니니 대충했을 수도 있지 않겠는가. 결과는 전혀 뜻밖이었다. 주체성을 확보한 대리인은 놀랍도록 열심히 그리고 현명하게 일을 처리했고, 고객 서비스는 순식간에 좋아졌다. 무모해 보일 수 있는 결정을 했던 책임자 역시 놀라움을 금치 못했다.

"사람들에게 책임을 부여하고 신뢰하자, 마치 그들은 지능지수가 순식간에 두 배로 껑충 뛴 듯 보였어요."

인공지능 분야에서 최고의 권위를 자랑하는 '뢰브너 프라이즈' 경연대회에서 '가장 인간적인 인간'으로 뽑힌 브라이언 크리스찬Brian Christian의 책 《가장 인간적인 인간The Most Human Human》에 나오는 에피소드다. 이 책은 인간적인 것과 기계적인 것의 경계가 무너지는 세상에서도 여전히 세상을 움직이는 축은 인간일 수밖에 없다고 역설한다. 이것은 MeWe 시대와도 맞닿는 접점이다.

거대한 대중이 아니라 나 자신이 중심이 되는 정서적 집단의 새로운 우리에 의해 오늘날 세계에서 벌어지고 있는 엄청난 규모의 수많은 들끓음은 인류가 여태 경험해본 적 없는 전혀 새로운 것이다. 우리는 지금껏 매스미디어나 소셜미디어를 하나의 눈덩이로만 인식했다. 작은 눈뭉치가 산에서 굴러 내려오면서 수많은 눈들이 더해져 굉장히 큰 눈덩어리가 되고 가공할 힘을 갖는 것이라고 생각했다. 하지만 실제로는 눈덩이가 되는 과정에서도 무엇인가에 부딪쳐 산산조각이 났다가 다시 합쳐지는 과정을 겪는다. 멀리서 보기에는 산에서 눈덩이가 굴러오는 것 같지만, 자세히 들여다보면 엄청나게 많은 눈뭉치들이 커졌다가 부서졌다가 다시 뒤엉켜 합치기를 반복하는 형국이다. 그야말로 그 안에 엄청난 '다이내믹'이 존재한다. 수많은 사람들이 자신의 관심사에 따라 이합집산하고, 그 안에서 각각의 에너지가 발생해 거시적 관점에서의 거대한 에너지를 만들어내는 것이다. 과연 거대한 다이내믹의 에너지를 만들어내는 비결은 무엇일까? 바로 정서적 동질성이다.

©Bao Nguyen

■ 마인드셋이 형성되면 창조 · 열정 · 채널 · 혁신 · 협력 등 수많은 C가 탄생하며, 이로써 새로운 에너지가 만들어진다.

관심사, 특히 정서가 맞다면 저절로 끌린다. 그리고 저절로 끌리면 연결된 구성원들끼리의 마인드셋, 즉 정서적 동질성이 형성된다. 마인드셋이란 한 명 이상의 사람들이 모인 집단이 공유하는 공통의 의식이나 방법들을 말한다. 마인드셋이 형성되면 구성원들은 서로를 내적으로 수용하고 적극적으로 협력하며 창조적인 인센티브를 이끌어낸다.◆

과정은 흡사 연애와 같다. 마인드셋이 형성되면 서로가 서로에게 의미 있는 존재임을 보이기 위해 노력한다. 내가 상대에게 어떤 의미를 갖는 존재인지를 생각하면서 상대가 무엇을 좋아하는지 호기심을 갖고

◆ http://en.wikipedia.org/wiki/Mindset

Curiosity, 동질감으로 서로를 연결하려고 노력하고Connected, 자기 주도Control self-driven로 공동의 무언가를 만들어내고자 하며Contents, 서로 간의 내적인 소통이 가능한 채널Channel을 만들고, 함께 공동의 미래를 만들기 위해 자발적으로 상호협력한다Collaborate. 그리고 이내 함께 의미 있는 것을 창조해내기 시작한다Create. 전통적 관점에서 기업에서의 기능적 분업을 통한 협동Co-operation을 넘어서는 차원의 것이다.

이제 이런 변화를 설명할 새로운 모델이 필요하다. 내적 동기의 연결이 만들어내는 들끓음의 에너지, 나는 그것을 $E=mC^2$이라는 공식으로 에너지에 관한 관점을 재정의하고자 한다. 창조, 혁신, 열정 등의 개념을 대표하는 에너지는 내가 중심인 우리에서 형성된 마인드셋이 연결, 채널, 협력 등의 각종 C와 만날 때 폭발적으로 생겨난다. 우리는 이것을 '열정 증폭의 법칙' 이라 불러야 한다.

기존의 특수 상대성 이론 법칙

$E=mc^2$: **에너지=질량×(빛의 속도)²**

새로운 에너지 법칙

$E=mC^2$: **에너지=내적 동기의 마인드셋×C(Connected, Channel 등등)²**

정서적 동질성이 확보됐을 때, 우리는 함께 같은 기차에 오른 셈이다. 처음 기차를 탄 사람들은 산발적으로 대화를 나눈다. 약한 연결에서의 소통은 얼핏 시끄러운 잡음처럼 들릴지 모른다. 하지만 이야기가 오갈

수록 이내 서로에게 필요한 접점을 발견하게 된다. 정보를 주고받으면서 친밀감을 느끼고 정보 외적인 요소들에도 관심을 가진다.

이때부터 상대의 존재 자체가 중요한 요소가 된다. 함께하는 사람에 대한 애착이 생기고 그가 살아온 인생과 경험, 그의 재능과 개성을 받아들이게 되기 때문이다. 그러면서 상대의 경험과 지식을 내 것으로 만드는 일보다 상대와 나를 연결하는 일이 더 중요하다는 사실을 알게 된다. 생각해보라. 산수를 못하면 미적분을 단번에 이해하기 어렵다. 많은 시간을 들여 처음부터 기초를 쌓아가기보다 그것을 잘하는 사람과 연결해 도움을 받는 편이 훨씬 효율적이지 않겠는가.

서로를 연결하면서 사람들은 이제 자신을 개방하기 시작한다. 이 과정에서 공감대가 일어나지 않는 사람들은 스스로 다른 공감을 찾아 떠나기도 한다. 남은 사람들, 즉 공감대를 형성하고 마인드셋을 만들어낸 사람들은 적극적으로 도움을 나누며 상호협력한다. 이때부터는 서로가 나누는 것들이 정보가 아닌 지식으로 존재하고, 행동으로 나타난다. 우리는 이런 단계의 결합을 '지혜'라고 부른다. 지혜란 행동이 수반되는 지식을 의미하기 때문이다. 지혜는 사람들의 강력한 내재적 동기를 기반으로 해서 만들어진다. 사람들의 만남 자체가 행동이고, 그들의 행동은 크고 작은 변화를 내포할 수밖에 없다. 서로의 다름이 곧 가치이며, 그 다름의 연결이 뜻하지 않은 행운인 세렌디피티를 만들어내기 때문이다. 연결과 채널을 더 많이 만들수록, 더 적극적으로 협력할수록 연결이 만들어내는 가치는 기하급수적으로 커진다.

지금 우리는 이런 기차에 올랐다. 기차에 탄 사람들은 각자의 정보를 지식과 지혜로 발전시키고, 서로 협동하고 협력하며 함께 가치를 창조해내기 시작한다. 정서적 동질감으로 연결된 이들의 내적 동기가 만들어내는 C의 가치들. 이들이 더욱 연결되고 창의적으로 협력하고 채널을 만들어 대화할수록 이들이 만들어내는 에너지는 기하급수적으로 커진다.

죄수의 딜레마에서 벗어날 시간

정서적 연결을 통한 협력Collaboration과 창조가 기존의 조직에서 일어나는 협력Cooperation은 어떻게 다를까? 기존의 조직에서 이루어지는 협업의 목적은 기본적으로 주어진 일을 잘하기 위해서다. 방점이 내가 아닌 일에 찍힌다. 나는 역할로서 존재하고 내 업무를 잘 이수해내기 위해 협력한다. 그런 탓에 안타깝게도 내가 가진 정보나 지식, 기술을 먼저 보여주고 나눈다는 것은 부정적으로 받아들여진다. 많이 보여줄수록 일을 더 많이 떠안을 수 있고, 결국은 스스로 무덤을 파는 꼴로 인식하기 때문인데 책임이 커지는 만큼 권한도 커져야 하지만 사실상 권한은 현재 나에게 주어진 역할이나 직급에 제한되는 이유다. 내가 더 많이 관여할수록 더 많은 책임을 져야 한다는 뜻이고, 곧 나를 더 곤란한 상황에 노출시킨다는 의미다.

그러다보니 서로가 내놓기보다 감추려 드는 미팅은 무의미한 소모전이 되는 경우가 많고, 그 결과는 그저 정보를 만들어내는 수준에 그치고 만다. 결국 정보가 많이 만들어져도 의사결정이나 행동으로 직결되지 못하는 문제가 발생한다. 수많은 부서에서 수많은 계획과 아이디어를 만들어내지만 정작 실행으로 이어지지 못하는 이유다. 모든 의사결정은 계속 위로, 위로 올려 보내는 구조로 귀결된다. 이것은 전형적인 '죄수의 딜레마'를 일으키는데, 핵심은 상대의 이익은 나의 손해라는 인식이 만들어내는 역학 관계다.

세간에 화제가 됐던 범죄 사건의 용의자가 드디어 체포됐다. 경찰이 체포한 용의자는 두 명. 이제 자백을 받기만 하면 된다. 경찰은 두 용의자를 개별 취조실로 데려가 조사를 시작했다. 자백 여부에 따라 형량은 세 가지 중 하나로 결정된다.

- 둘 다 죄를 자백하지 않으면 모두 6개월 복역.
- 한 사람은 침묵하고 한 사람만 자백할 경우, 자백한 사람은 즉시 석방, 나머지는 10년 복역.
- 둘 다 서로를 배신할 경우, 즉 서로 상대방이 죄를 지었다고 주장하면 두 사람 모두 각각 5년 복역.

만약 당신이 용의자라면 어떤 선택을 내리겠는가. 상대방이 침묵한다고 가정하면 당신은 자백하는 것이 유리하다. 석방이니까. 그런데 만약 상대가 배신해서 죄를 자백한다면? 그래도 역시 자백하는 것이 유리하다. 침묵하면 혼자 10년형을 살아야 하니까. 결국 무조건 자백하는 것이 유리하다는 결론이 나오고, 결국 두 사람은 5년형을 살 가능성이 높다. 둘 다 침묵할 경우에는 6개월만 살면 되는데도 말이다. 이것이 수학자 존 내쉬John Nash가 균형이론에서 소개한 '죄수의 딜레마' 다.

둘 다 침묵하면 6개월을 살 수 있는데 왜 가장 좋은 선택이 이루어지지 않을까. 이유는 간단하다. 자신의 이익을 우선하기 때문에 상대를 고려한 관계를 생각하지 못하는 것이다. 용의자들이 서로를 운명 공동체로 인식했다면 함께 침묵하는 형태로 협력했을 것이다. 그러나 경찰이 개별 취조실로 두 사람을 떼어놓자, 용의자는 자신의 이익에만 몰두한다. 죄수의 딜레마는 어떤 사안에 대해 지금 이 순간 내게 유리한 판단

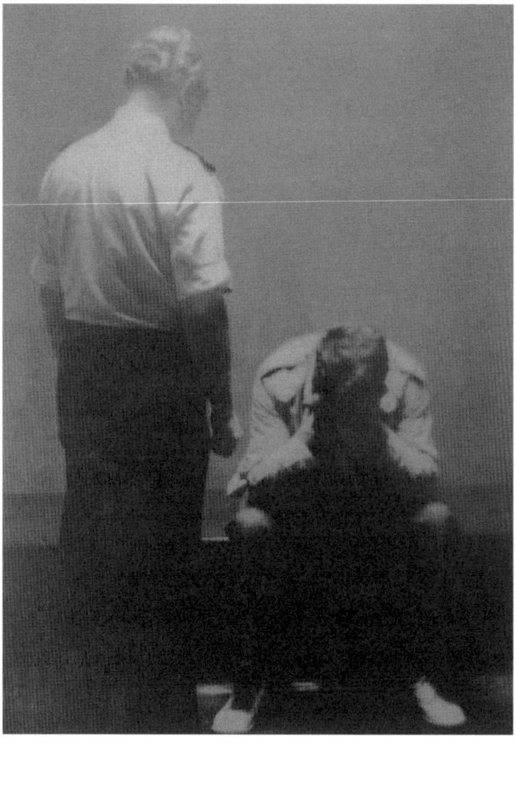

■ 두 죄수가 서로를 믿지 못해 무거운 형량을 선고받은 현상, 즉 죄수의 딜레마가 발생하는 까닭은 협력하지 못한 채 자신의 이익만 고려하기 때문이다.

을 내려야 하는 경우와 내가 속해 있는 공동체는 물론 내 행동의 파급 효과까지 고려하는 경우에 대한 통찰을 제공한다.

상대의 이익이 곧 내 손해라고 생각하면 필요할 때는 서로 협력하지만 절대 각자의 것을 먼저 내놓지 않는다. 하지만 내 것을 내놓았을 때 손해가 아니라 오히려 내놓을수록 좋은 상황이라면 어떨까? 내가 좋아서 하는 일인데 거기에 사람들이 참여하는 상황이라면? 이때는 작은 것이라도 서로 지지하고 동참하는 정서 자체가 더 중요해진다. 내가 하는 일에 관심을 갖고 지지해주는 사람이 있다! 그 자체가 기꺼이 내 것을 공유하고 도움을 나눠줄 수 있는 동인이 아니겠는가. 즉 기존의 조직에서 협력이 이뤄지지 않은 가장 큰 이유는 주체성과 공감의 정서를 배제한 채 오직 일에만 집중했기 때문이다. 그렇기에 회사 밖에서 일어나는 주체적인 나들의 연결을 통한 협력을 조직으로 이식한다면, 지금과는 전혀 다른 이야기가 전개될 수 있는 것이다.

오늘날 세계에서 벌어지는 수많은 들끓음을 에너지의 새로운 공식인 열정 증폭의 법칙, $E=mC^2$으로 조명해봐야 한다. 조직은 논리로 움직이지만 조직화되지 않은 조직, 수많은 내가 만들어낸 우리는 '마술'이다. 그리고 그 마술의 비밀이 바로 $E=mC^2$이다. 지금부터 정서란 무엇이며, 어떤 변화를 만들어내는지에서부터 정서적 연결이 만들어내는 들끓음이 어떻게 창발하는지를 하나하나 살펴보도록 하자.

Chapter 5
마음의 궁합이 변화를 낳는다
: 정서적 동질성 m

누가 하품하는 것을 보기만 해도 하품을 하고 싶어진다. 지금 이 책을 읽고 있는 사람 중에 하품이란 단어를 읽는 순간 갑자기 하품을 한 사람도 있을지 모르겠다. 하품은 전염성이 대단히 강하다. 일반적으로 하품은 뇌에 산소를 보충하고 체내 온도를 낮추기 위한 생리적 반응으로 알려져 있는데, 그저 상대가 하품하는 것을 보기만 해도 왜 따라하게 될까? 인체에는 거울신경이라는 것이 있어 상대방의 몸에서 일어나는 반응을 보는 것만으로 유사하게 느낀다. 손이 칼에 베어 아파하는 모습을 보면 내 손도 찌릿찌릿한 듯한 느낌을 받는 것이 그런 경우다. 하지만 거울신경의 영향을 받지 않을 때도 있다. 딸국질이 그렇다. 옆에서 누가 연신 딸꾹질을 해대도 그것을 따라하지는 않는다. 왜 하품은 전염되는데 딸꾹질은 전염되지 않을까.

■ 2010년 TED 연사로 초빙된 니콜라스 크리스타키스. 비만에서 행복까지 다양한 특질들을 연구해 사회연결망에 숨겨진 영향력의 비밀을 밝혔다.◆

불과 몇 년 전까지만 해도 하품의 전염은 미스터리였다가 최근 실시간 f-MRI 뇌 스캔 기술이 발전하면서 마침내 그 비밀이 밝혀졌다. 하품은 생리적 반응이기도 하지만 사실은 '정서적 모방' 행위라는 것이다. 생각해보니 그렇다. 즐겁고 신나는 분위기에서는 하품이 잘 전염되지 않는다. 하지만 지루하고 무료한 상황에서는 한 사람의 하품이 동시다발적으로 퍼져나간다. 즉 어떤 공간 안에 모여 있는 사람들 사이에 하품이 퍼져나가는 것은 그들의 정서가 퍼져나가는 셈이다. 이것은 어떤 행위를 함께

◆ http://www.flickr.com/photos/gatesfoundation/6344445107/

하는 데 있어 정서적 연결의 중요성을 보여주는 단적인 사례다.

그런데 정서적 연결이 만들어내는 전염의 사례 중 쉽게 이해하기 힘든 경우도 있다. 바로 비만이다. 사회학자인 니콜라스 크리스타키스 Nicholas Christakis 하버드대학교 교수는 한 연구를 통해 비만도 전염된다는 놀라운 사실을 밝혀냈다. 그에 따르면 비만은 촌수와 상관관계가 있었다. 1촌 간은 50퍼센트, 2촌 간은 25퍼센트 식으로 촌수가 멀어질수록 상관관계가 약해졌다. 아빠나 엄마가 뚱뚱하면 자녀도 뚱뚱할 가능성이 높았다.

그런데 니콜라스가 수행한 또 다른 비만 연구에서는 간과할 수 없는 중요한 사실이 나타난다. 비만의 전염에 영향을 미치는 훨씬 큰 인자가 존재하는데, 바로 정서에 관한 것이었다. 촌수에 따른 비만 전염률은 50퍼센트 미만이었는 데 반해, 친구 사이의 비만 상관도는 무려 170퍼센트에 달했다. 남편은 뚱뚱한데 아내는 날씬하거나 혹은 반대의 경우는 많지만, 남편의 친구들이나 아내의 친구들은 신체 사이즈가 서로 비슷한 경우가 많다는 뜻이다. '친구 따라 강남 간다' 는 말이 성립하는 순간이다.

바로 정서적 동질성 때문이다. 그럼 물보다 진하다는 피로 엮인 가족이 친구보다 정서적 동질성이 약하다는 말인가. 그렇다. 가족 간은 정서적 연결성은 대단히 강하지만 동질성은 다른 차원의 문제다. 본인의 상황을 비교하면서 생각해보라. 나와 부모, 나와 형제는 분명 정서적 유대가 강하지만 관심사나 세계관, 가치관이 비슷한가에 대해서는 고개를 갸우뚱거리는 사람이 많을 것이다.

반면 친구들을 생각해보면 이야기가 달라진다. 친구들과는 늘 함께 어울린다. 서로 취향과 생각이 비슷하기 때문에 수많은 일을 같이하고자 한다. '피보다 진한 우정' 이라는 말도 정서적 동질성의 힘을 보여주는 예다. 식사도 같이하고 술도 함께 마시며 각종 취미도 공유하는 등 많은 것을 함께하면서 정서적 결합은 더욱 강하게 일어난다. 니콜라스의 연구는 단순한 비만 연구에 그치지 않고 정서적 동질성의 힘을 보여준다.

니콜라스는 행복이라는 주제에 대해서도 정서적 동질성을 조사했다. 그는 다양한 집단의 사람들에게 그들이 느끼는 행복감을 지수로서 표시하도록 했고, 그들의 친구들이나 직장 동료들처럼 연관이 있는 사람들에게도 같은 조사를 실시했다. 결과는 당신이 짐작한 대로다. 조사 대상자가 삶의 행복도를 높게 평가했을 경우 그들의 친구나 직장 동료 들에게서도 비슷한 결과가 나왔다. 삶에 대해 부정적인 경우도 비슷한 패턴이 관찰됐다. 즉 정서적 동질성은 인간관계에 그대로 적용됐다.

사실 이 발견은 연구 결과 이상의 굉장히 큰 의미를 가진다. 매우 긍정적인 사람도 직장 환경이 부정적이라면 거기에 동화되거나 혹은 조직에서 배제될 수밖에 없다는 뜻이기 때문이다. 결국 조직생활을 계속해야 하고 어떻게든 맞춰가야 한다고 생각한다면 조직의 정서에 동화될 수밖에 없다는 말이다. 이미 만연한 정서를 나 혼자서 바꾸기란 결코 쉽지 않다. 조직 내에 나와 맞는 사람들끼리 새로운 정서적 연결을 만들어내지 못하면 내가 변하거나 적응하지 못해 힘들어하거나 둘 중 하나인 것이다. 보수적이고 비판적인 상사를 보면 원래부터 그런 사람이라고 생각하기 쉽지만 한때는 그도 열정과 패기가 넘치는 신입사원이었다. 직장의 공기에 감염되고 정서에 전염돼 변했을 뿐이다.

여기서 한 가지 짚고 넘어가자. 정서는 기질과 성격의 조합으로 나타난다. 기질은 타고난 성향이고, 성격은 사회적 성향이다. 기질 자체가 긍정적이고 낙관적인 사람은 직장 내부에서든 외부에서든 자신의 기질과 동질감을 느낄 수 있는 것이 있다면 즉시 무장해제를 하고 동질성을 이루기 위한 시도를 한다는 점이다. 어쨌든 정서는 하품부터 비만, 행복에까지 강력한 영향력을 발휘한다. 하지만 이것은 극히 일부에 불과하다. 우리가 앞으로 살펴볼 정서의 힘은 훨씬 거대하며 구체적이다.

무엇이 평범한 인간을 악마로 만드는가

2011년 7월 4일 해병대2사단 강화도 해안 초소 총기 난사 사건, 7월 10일 해병대1사단 해병대원의 자살 사건이 연달아 발생하자, 한동안 각종 병영 내 가혹행위와 군기 문란이 사회적 이슈로 떠올랐다. 여론은 말할 것도 없고 이명박 대통령까지 나서서 관련 책임자들을 엄중히 문책하고 다시는 이런 일이 없도록 조치할 것을 강력히 주문했다. 그러나 이것은 어제 오늘의 문제가 아니다. 2005년 6월에도 육군28사단 비무장지대 내 최전방 경계 초소에서 일병이 내무반에 수류탄을 던지고 총기를 난사해 장병 여덟 명이 사망하고 다수가 중상을 입는 사건이 발생한 바 있다. 이때도 선임병의 괴롭힘과 폭력을 견디지 못해 저지른 우발적 사건으로 기록됐다.

도대체 가해자들은 왜 동료들을 잔인하게 괴롭혔을까. 많은 이들이 우려했던 문제는 우리 사회에 언제 터질지 모르는 시한폭탄을 품고 사는 사람들이 존재함에도 어떻게 할 방법이 없다는 것이었다. 어떻게 사람이 비열하게 자신보다 약한 사람을 그토록 잔인하게 괴롭힐 수 있는지 이해할 수 없다며 가정교육과 학교교육이 제대로 이뤄져야 한다는 여론도 뜨거웠다.

하지만 의문 하나를 제기하고 싶다. 가해자들은 정말 인격적으로 치명적인 장애가 있는 사람이었을까. 그렇지 않다. 가해자의 대다수는 군 바깥에서는 평범한 사람들이었을 가능성이 높다. 악마성의 발현은 특정 개인의 인격보다 환경적 요인이 더 크게 작용한다고 생각하기 때문이다. 앞으로 살펴볼 몇 가지 실험과 사건은 평범한 사람도 특정 환경이나 상황에서는 충분히 악마가 될 수 있다는 증거들이다.

먼저 전기 충격 실험이라고도 알려진 '반두라 실험Bandura Experiments'이다. 대학에서 일련의 '집단 문제 해결'에 관한 실험을 위해 지원자를 모집했다. 지원자들은 세 명씩 한 팀을 이뤘고, 다음과 같은 지시를 전달받았다.

"이 실험의 목적은 문제 해결 능력 향상에 도움을 주는 방법을 찾는 것이다. 맞은편 방에는 학생들로 구성된 팀이 있다. 그들에게 문제 해결을 위한 과제가 주어지는데, 그들이 잘못할 때마다 벌을 주도록 해라. 너희는 그들의 잘못에 대해 전기 자극을 가하면 된다. 1부터 10까지 강도로 충격을 주는 버튼들이 있으니 원하는 버튼을 눌러라."

다시 말해 맞은편 방에 있는 사람이 문제를 틀릴 때마다 전기 충격을 주라는 것이다. 실험 참가자들은 어떤 정도의 전기 강도가 (즉, 체벌이나 자극의 정도가) 학습에 가장 도움이 되는 수준일까를 생각하면서 버튼을 누르게 된다. 그런데 사실 전기 충격을 당하는 사람은 없다. 이 실험의 진짜 목적은 연구원들이 실험자들의 감정을 교란했을 때 나타나는 반응이었다. 실험자들의 옆 방에서 연구원들이 조용히 속삭인다. 한쪽 실험 그룹에는 '맞은편 방 학생들이 정말이지 야만적이고 짐승 같은 인간들이더라' 는 말을, 다른 쪽 그룹에는 '꽤 괜찮은 아이들이더라' 는 대화를 들리게 한다. 세 번째 그룹은 아무 이야기도 듣지 않았다.

결과는 어땠을까? 아무런 얘기를 듣지 못한 그룹은 평균 5 정도의 전기 충격 버튼을 눌렀다. 야만적이라는 이야기를 들은 그룹은 무려 8을, 괜찮은 아이들이라는 얘기를 들은 그룹은 2~3을 눌렀다. 무엇이 그들의 선택에 영향을 주었는지는 쉽게 짐작이 갈 것이다. 8을 누른 그룹의 학생들에게 이유를 물었더니, 자신의 행동을 합리화하는 대답을 했다.

"잘못했으니까 벌을 주어야 마땅하다는 생각이 들었어요."

"가르침을 주면 좋을 것 같다는 책임감이 들었습니다."

그들은 연구원들이 일부러 그런 이야기를 꾸며 자신들의 행동에 영향력을 발휘했다는 사실을 의심조차 하지 않았다. 그냥 그런 기분이 들었다는 것이다. 한 번도 만난 적 없는 사람에 대해 '좋은 가르침을 주어야 한다는 책임감' 이 웬 말인가. 하지만 실험 참가자들은 지극히 평범한 사고방식과 정상 범위에 속한 사회생활을 하는 사람들이었다.

스탠리 밀그램Stanley Milgram의 복종 패러다임 실험은 반두라 실험과 비슷하지만 형식이 조금 다르다. 여기서는 '교사-학습자'의 관계를 다루는데, 시간당 4달러를 준다며 사람들을 모았다. 그리고 제비뽑기로 역할을 부여했다. 교사는 학습자에게 암기해야 할 일련의 단어 조합을 말해주는데, 학습자는 교사가 말한 단어의 짝이 되는 단어를 말해야 한다. 예를 들어 '원숭이 엉덩이'라고 하면 '빨갛다'를 말하는 식이다. 정답을 맞히면 칭찬을 하고, 틀리면 그럴싸하게 생긴 전기 충격 장치의 레버를 당겨 고통을 주는 벌을 가한다. 이 충격 장치에는 똑딱이 스위치 30개가 붙어 있다. 제일 왼쪽의 것이 15볼트의 충격을 주고, 옆으로 갈수록 15볼트씩 강해지도록 고안됐다. 계기판에는 충격 수준의 전압에 대한 설명이 붙어 있다. 10단계150볼트에는 '강한 충격', 17단계255볼트에는 '격렬한 충격', 30단계는 불길하게 XXXX라고 표시돼 있다.

사실 이 실험에서 전기 충격을 받게 되는 학습자는 손목에 전극을 붙이긴 했지만, 가짜다. 교사의 질문에 의도적으로 틀린 대답을 하고, 전기 충격 버튼을 눌렀을 때 진짜 충격을 받은 것처럼 반응하는 것이 학습자의 미션이다. 이 실험의 목적은 교사가 어느 정도까지 전기 충격으로 벌을 가할 수 있는지 알아보는 것이다.

당신이 교사라고 가정하고 이야기를 해보자. 학습자는 처음 몇 가지 질문에는 정답을 말하지만 곧 실수를 시작한다. 당신은 크지 않은 강도로 살짝, 따끔할 정도의 충격을 가한다. 그런데 학습자가 자꾸 틀리면서 강도를 높이기 시작하는데, 학습자가 충격이 고통스럽다고 불평하는 소리가 들린다. 교사가 걱정스러운 눈빛으로 연구원을 쳐다보지만 연구원은 괜찮다며 강도를 높이라고 단호하게 주문한다. 교사는 찜찜하

■ 권위에 대한 복종 실험으로 파장을 일으켰던 미국의 심리학자 스탠리 밀그램(좌)과 실험에서 사용한 전기 충격 장치(우).

지만 그의 말에 따라 더 강한 충격을 가한다. 학습자는 이제 괴롭다고 소리친다. 하지만 연구원은 미소까지 띠며 전혀 문제가 없을뿐더러 실험을 계속하는 것 외에는 선택의 여지가 없다고 이야기한다. 교사는 따를 수밖에 없다. 학습자는 계속 오답을 말하고, 더 큰 충격을 받자 끝내 울기 시작한다.

이러다가 저 사람을 해치게 될 것 같은 공포마저 든다. 당신은 아무래도 안 되겠다고 이야기한다. 그랬더니 이번에는 연구원이 실험에 자원할 때 서명했던 서류를 보여준다. 최선을 다해 실험에 임할 책무가 있다는 내용이다. 그리고 실험의 모든 결과는 자신들이 책임질 테니 걱정하지 말라며, 단기 자극을 주는 것이기 때문에 실제로 생명에는 아무런 이상이 없다고 안심시킨다. 결국 충격의 강도는 끝없이 올라간다.

■ 맹목적인 복종이 얼마나 잔혹한 행동을 초래할 수 있는지 실상을 증명한 복종 실험의 한 장면.

과연 어디까지 올라갔을까? 밀그램은 실험에 앞서 심리학자 40명에게 의견을 물었다. 대부분 평균 150볼트인 10단계에서 포기할 것이라고 예측했다. 그러나 결과는 놀라웠다. 실험 참가자의 약 70퍼센트가 최고 수준인 450볼트의 전기 충격을 가하는 마지막 30단계의 스위치를 눌렀다. 실험의 중간 330볼트에 이르렀을 때 학습자는 의식을 잃은 것처럼 행동했다.

당신이라면 이런 상황에서 실험을 강행했을까? 절대 다수는 아니라고 대답하겠지만 실제 결과는 흥미롭다. 연구원이 이 상황에서 아무 말을 하지 않으면 대부분의 교사는 이 단계에서 실험을 포기했다. 그런데 교사에게 "너는 책임이 없다. 전적으로 이 실험은 우리가 책임진다"고 말하면 대부분이 실험을 이어갔다. 즉, 어떤 양심의 가책을 느낄 만한 상황에서 권위자가 책임을 면책해주는 행동을 할 경우, 사람은 최초의 지시가 불합리하고 상대방을 살상할 수 있음에도 불구하고 그의 권위를 그대로 따른다는 것이다. 양심의 가책을 뒤로 숨겨버리고 말이다.

마지막으로 스탠퍼드 감옥 실험이다. 스탠퍼드대학교의 필립 짐바르도Philip Zimbardo 박사는 학생들을 간수와 죄수 두 집단으로 나누어 각자의 역할을 수행하는 실험을 했다. 자신에게 주어진 역할을 어떤 형태로 소화해내는지 보는 것이 실험의 목적이었다. 대학 내에서 수행하는 모의 실험이라는 것을 안다는 가정 하에 시작했지만, 만약 학생들이 간수 혹은 죄수로 생활할 경우 그들의 심리상태가 어떻게 흘러가는지를 면밀히 관찰하고 싶었다. 그런데 이 실험은 불과 며칠 만에 종료됐고, 학생들은 엄청난 정신적 후유증을 겪어야 했다. 실험을 시작한 지 불과 이틀 만에 폭동이 발생했고, 3일 만에 교도소의 안전이 심각하게 위협받았으며, 4일 만에 감옥은 통제 불능의 아비규환 상태에 빠졌다. 5일째에는 감옥 내에서 성적 학대까지 발생했다.

실험에는 지극히 평범한 학생들이 참가했다. 그런데 감옥 내에서 자신의 역할을 시작하자 간수의 경우 상상도 못한 사악한 고문 방법을 발명해냈고, 죄수들은 살의를 느끼기까지 했다. 간수는 성적 고문은 물론이고 소화기로 피부가 얼어붙을 듯 차가운 이산화탄소를 퍼부어대며 죄수를 괴롭혔다. 도대체 무엇이 평범한 사람을 악마로 만들었을까.

지금까지 세 가지 실험을 통해 마음에 대해 살펴봤다. 이 실험들은 개인의 사악함과 잔인함은 기질의 문제가 아니라는 점을 밝혀냈다는 공통점이 있다. 반두라 실험은 사람에게 악의적인 소문을 흘리는 것만으로 한 번도 만난 적 없는 사람에게 적대적인 감정을 품을 수 있는 인간의 모습을 발견했다. 밀그램의 실험은 자신에게 주어진 임무가 불합리하기 짝이 없더라도 본인이 책임을 지지 않는다면 권위자의 명령을 그대로 따르는 사람의 복종 심리를 보여주었다. 심지어 그것이 사람을 죽일 수 있는 명령일지라도 말이다.

다소 극단적인 사례긴 하지만 생각해보면 이런 일은 우리가 매일 경험하며 사는 부분이기도 하다. 퇴근하고 싶어도 상사의 눈치를 보면서 시간을 보내거나 위에서 내려온 지시라 어쩔 수 없다는 식의 행동들처럼 분명 불합리하다고 뼈저리게 느끼지만 저항하는 데는 상당한 스트레스를 느낀다. 살인과 직장 업무를 비교한다는 것이 무리라는 생각도 하겠지만, 상황의 힘은 누군가 명시적으로 얘기하지 않더라도 개인을 꼼짝 못하게 할 정도의 강력한 영향력을 발휘한다는 점은 분명하다.

병사들은 학대받는 동료들을 왜 모른 척했을까? 몇 명만이라도 강력하게 이의를 제기했다면 상관도 함부로 하지 못했을 텐데 말이다. '그러니까 군대지' 라고 생각하는 사람도 있겠지만 이 부분이 문제인 것이다. 개인이 죽을 수도 있다고 인지했음에도 괴롭힘을 멈추지 않았던 것, 그리고 그것을 말리지 않았던 것. 짐바르도 교수의 스탠퍼드 감옥 실험에서 그것의 실체는 극명히 드러났다. 선한 사람조차 자신에게 주어진 역할을 수행하기 위해 시키지도 않은 창의적 방법을 동원해가며 사악한 행동을 일삼을 수 있음을 여실하게 보여주었다. 우리의 직장 상사들은 때로 짜증나고 말도 안 되는 권위를 부리며 실현 불가능한 미션을 요구하곤 한다. 그러나 그들 역시 자신의 역할에 충실하게 되면서 자연스럽게 생긴 모습인 것이다.

세 가지 실험에서 공통적으로 드러나는 현상은 바로 개인이 시스템의 뒤로 숨어버린다는 것이다. 즉 상황과 시스템이 개인의 책임감과 이성의 기능을 마비시킬 수 있다는 뜻이다. 물론 이것은 극단적인 상황에서 만들어진 결과이기 때문에 일반화하기에는 무리가 따른다. 다만 개인의 정서가 환경에 따라 어떻게 변질될 수 있는지, 그 정서의 전염성이 얼마나 강한지를 보여주는 사례로는 충분하다. 우리는 내가 지닌 정서를 개인적 기질이라 생각하겠지만 어떤 환경, 어떤 사람과 연결되느냐에 따라 판이하게 다른 성향을 띨 수 있음을 알아야 한다.

왜 나쁜 소문은 빨리 퍼질까

'발 없는 말이 천 리를 간다' 는 속담처럼 소문은 정말 빠른 속도로 퍼져나간다. 희한하게도 좋은 이야기는 전달되지 않는 데 반해 나쁜 이야기는 급속도로 알려진다. 과연 정말 그럴까? 카이스트 문화기술대학원의 차미영 교수는 실제로 이런 현상에 대한 조사를 실시했다. 특정 사건이 벌어졌을 때 그와 관련된 루머 그리고 당사자의 사과, 정정 혹은 평가에 관한 글들이 각각 트위터에서 어떻게 퍼져나가는지 분석했다. 그 결과 루머에 해당하는 기사들은 빠른 속도로 퍼져나가는 반면 사과나 비평 기사들은 상대적으로 속도나 확산 정도가 느렸다. 나쁜 소문일수록 빨리 퍼진다는 사실을 확인한 것이다.

하지만 결론을 내리기는 이르다. 애플이 새로 출시할 신제품에 대한 루머를 떠올려보라. 부정적인 이야기가 아님에도 불구하고 연일 많은 사람들의 입에 오르내리고 급속도로 확산된다. 그렇다면 우리는 루머 자체에 관심을 갖고 있단 말인가. 그것도 아니다. 루머가 아닌 실제였던 마이클 잭슨Michael Jackson의 사망 소식이 인터넷을 얼마나 뜨겁게 달궜는지 떠올려보라. 기억이 잘 나지 않는 사람들을 위해 잠시 시계바늘을 과거로 돌려보자.

2009년은 팝의 황제 마이클 잭슨이 심장마비로 타계한 역사적인 해로 기록됐다. 동시에 인터넷의 새 역사를 쓴 해로 기록되기도 했다. 마이클 잭슨의 사망 소식을 처음 전한 곳은 인터넷 연예 전문 사이트 TMZ닷컴이었다. 이 소식은 즉시 트위터를 통해 일파만파 전파됐고, 수

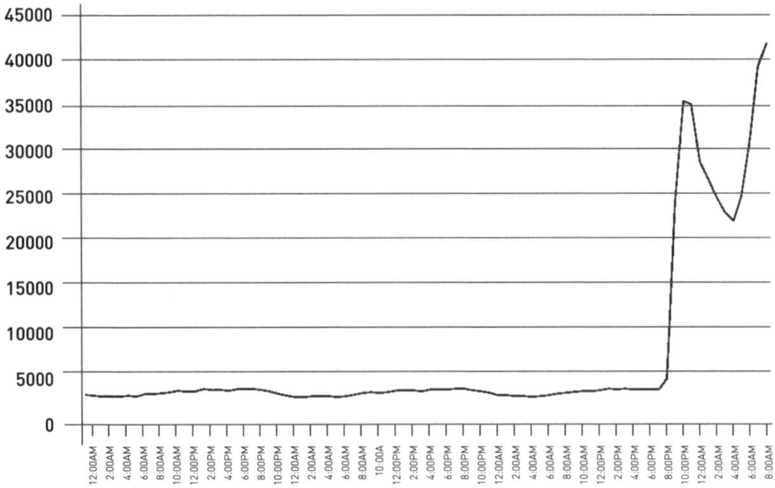

■ 마이클 잭슨의 사망 소식이 소셜 네트워크로 전파되자마자 폭발적인 트래픽을 기록했다.

많은 사람이 진위를 확인하기 위해 접속하는 통에 TMZ닷컴은 물론 인터넷 서비스들의 접속이 폭주했다. 트위터는 유래가 없는 트래픽으로 서비스 자체가 불가능할 정도로 자주 다운됐고, 처음 소식을 전한 TMZ닷컴 역시 엄청난 트래픽으로 서비스 불가 상태가 됐다. 잭슨의 사망 사실을 알렸던 『LA타임스』의 사이트도 바로 다운돼버렸다. 결국 트위터는 아예 하루 동안 실시간 검색 기능을 중단했다. 24시간 동안 전송된 트위터 메시지를 분석한 결과, 잭슨 관련 내용이 전체 메시지의 16퍼센트를 차지했다.

구글Google 역시 예외가 아니었다. 마이클 잭슨 관련한 검색어가 갑작스럽게 급증하자 스팸 공격인 줄 알고 사용자의 검색 요구에 인증 확인을 요청하는 해프닝을 벌이기도 했다. 야후Yahoo 뉴스 방문자 수는 1,640만 명으로 신기록을 갈아치웠고, 특정 뉴스 한 건에 시간당 약 5,000만 건이 조회되는 대사건이 발생했다.

잭슨의 사망 이후에도 이런 양상은 계속 이어졌다. 그의 장례식은 온라인 스트리밍으로 전 세계에 생중계됐다. 세계 최대의 라이브 스트리밍 플랫폼인 아카마이Akamai에 따르면, 생중계 당시 사이트는 분당 392만 4,370명의 방문자를 기록했고, 북미에서만 330만 명이 넘은 것으로 조사됐다. 잭슨의 사망 소식이 전해지던 순간은 분당 424만 7,971명이었다고 한다. 어마어마한 수준이다. 수퍼스타에 관한 부정적인 소식이었기 때문에 가능했다고? 그렇지 않다. 사실 잭슨의 사망 관련 소식은 인터넷 역사상 두 번째로 많은 트래픽으로 기록됐다. 1위는 오바마Barack Obama의 대통령 취임식이었다.

우리는 지금까지 사람들은 나쁜 소문에 열광한다고 믿었다. 하지만 긍정적인 소문에도 열광하고, 루머가 아닌 사실 자체에 대해서도 열광하는 현상을 목격했다. 그렇다면 차미영 교수가 수행한 연구 결과는 무엇인가? 부정적인 소문은 네트워크를 타고 빠른 속도로 전파되는 데 반해 사과 기사와 반박성 기사, 분석 기사들은 왜 퍼져나가지 않을까?

그 답은 정서에 있었다. 루머와 사과 기사, 분석 기사를 분류한 기준은 바로 감정에 관한 것이다. 추측, 의혹 같은 감정들 말이다. 반면 사과와 분석 기사는 사실에 관한 것이었다. 즉 차 교수는 연구를 통해 사람들이 사실보다 정서에 공명한다는 점을 밝혀냈다. 그런데 애플의 신제품 소식이나 마이클 잭슨 사망 기사는 객관적이지 않은가. 물론 보도된 소식은 사실이지만 이를 전달하는 사람들은 감정에 치우쳤다. 해당 트위터 메시지들은 사실에 대한 감정 일색이다.

'마이클 잭슨이 사망했대! 〔기사 링크〕'

'뭐야? 거성이 떨어졌구나… 〔기사 링크〕'

'시리(애플 아이폰에 탑재된 음성 인식 프로그램)에 한글이 지원됩니다! 혹시 사랑한다라는 말을 하면 어떤 대답을 하는지 보셨어요!!?'

즉 SNS를 통해 퍼져나가는 메시지의 구조는 이렇다.

SNS 메시지 = 사실^{Fact} + 감정^{Expression}

널리 확산되는 메시지의 핵심은 사실이 아니라 감정이다. 우리는 정보를 접하면 그것을 수용하는 데서 그치지 더 이상 확산하려는 노력은 잘 기울이지 않는다. 하지만 그 정보에서 어떤 감정을 느꼈다면 정보와 함께 느낀 바를 정리해 사람들과 공유한다.

역시나 핵심은 정서다. 하품이 전염되는 것과 비만이 퍼져나가는 것, 행복이 옮겨가는 것, 그리고 소문이 확산되는 모든 것은 결국 정서가 전이되는 것이다. 정서는 전염성이 대단히 강하다. 때문에 정서적 동질성을 가진 사람들이 만나서 만들어내는 공명은 마이클 잭슨의 사망 때처럼 인터넷이 마비될 정도의 강력한 에너지를 만들어낸다.

정서는 '디지털 호르몬' 이다. 몸 안 구석구석을 타고 흐르며 행동과 의식을 지배한다. 마찬가지로 정서적으로 연결된 집단 역시 디지털 호르몬이 구성원들을 타고 흐른다. 이로 인해 사람들은 시간이 지날수록 강력한 마인드셋을 가지게 되고, 더욱 더 밀접하게 결합해 결국 막강한 에너지를 만들어낸다.

하지만 의문을 갖는 사람들이 있을 것이다. 정서가 전염성이 있다는 현상은 납득하겠지만 어째서 정서가 사람들에게 전염성을 일으킬 만큼 강력한 동인을 이끌어낸단 말인가? 도대체 감정이 무엇이기에? 흥미롭게도 이와 관련해서 이미 2000년 초반에 전 세계가 대혼란에 빠지는 경험을 한 적이 있었다.

전 세계를 혼란에 빠뜨린 한 마디

2000년 5월 15일, 『타임』의 표지를 장식한 주인공은 벌레였다. 표지 제목은 'THE LOVE BUG'. 우리 말로 하자면, 사랑 벌레쯤 되겠다. 표지의 카피들을 보면 이것이 어떻게 발현되는지 벌레로부터 우리를 어떻게 보호할 수 있는지에 관해 이야기한다. 사실 러브 버그는 컴퓨터 바이러스의 이름이다.

전자 메일을 통해 확산된 '러브 버그 바이러스'는 파급력이 워낙 막강해서 전 세계 컴퓨터들을 삽시간에 감염시킨 뒤 파일들을 파괴하고 시스템의 속도를 떨어뜨렸다. 이 바이러스가 담긴 메일의 첨부 파일을 열면 자동적으로 매크로라는 프로그램이 실행되면서 메일 수신자의 주소록에 있는 다른 사람에게도 마구잡이로 메일이 전송되는 방식이었다. 바이러스는 기하급수적으로 전파됐다. 전 세계 네트워크가 심각하게 느려질 정도로 엄청난 트래픽을 일으켰고, 아예 시스템이 마비되기도 했다. 그야말로 '대재앙'이라는 표현이 어울리는 상황이었다. 당시 신문 기사의 제목만 봐도 러브 바이러스가 얼마나 강력했는지 실감할 수 있다. '러브 버그 바이러스 전 세계 비상', '러브 버그 미 백악관·국방부 침투', '전 세계 300만여 개 컴퓨터 파일 피해', '재계, 러브 버그 비상'….

재미있는 점은 러브 버그를 개발해 전 세계로 퍼뜨린 당시 스물세 살의 오넬 드 구즈만Onel de Guaman은 해당 범죄를 처벌할 법률이 없다는 이유로 풀려났고 곧 영국의 컴퓨터 보안회사에 취직했다. 하지만 그보다 더욱 흥미로운 지점은 따로 있다. 이미 유사한 컴퓨터 바이러스로 공포에 몸서리를 쳤던 전 세계인들이 어떻게 정체도 모르는 곳에서 전송된 메일을, 게다가 첨부 파일까지 열어보는 어이없는 실수를 저질렀냐는 것이다. 상상해보라. 모르는 사람에게서 메일이 왔는데, 거기에 exe나 com 같은 확장자의 첨부 파일이 있다. 당연히 쉽사리 열어보지 않을 것이다. 그런데 왜 수많은 사람들이 바보처럼 첨부 파일을 클릭했을까. 대답은 메일의 제목에 있었다.

■ 2000년 5월, 『타임』은 전 세계 컴퓨터를 삽시간에 감염시킨 러브 버그 바이러스의 충격을 상세히 보도했다.

'I LOVE YOU.'

이 한마디에 전 세계 사람들이 바보 같은 짓을 저질렀던 것이다. 이 바이러스로 인해 영국과 덴마크 의회, 미국 의회, 백악관, 국방부, 국무부, FBI 같은 핵심 국가기관은 물론 AT&T, 포드Ford 등의 대기업과 금융회사, 언론기관의 컴퓨터 시스템이 막대한 피해를 입었다. 미국에서만 컴퓨터 97만 대가 바이러스에 감염됐고, 유럽 16만 7,000대, 남미 2만 2,000대, 아시아 1만 2,000대, 아프리카 1만 7,000대, 호주 7,600대 등 전 세계적으로 약 127만 대가 피해를 입었다. 피해 규모를 금액으로 환산하면 미국에서만 1억 달러에 이르는 것으로 추산됐다. 보안에 철두

철미한 국회, 금융, 정부기관 모두 무방비상태로 당했다. 단지 '사랑해'라는 한마디 때문에.

우리가 얼마나 사랑이라는 정서에 취약한지를 단적으로 보여주는 사례가 아닐까. 인간은 이성적인 동물이지만 결국은 감정에 의해 살아가는 동물임을 여실히 증명한 사건이다. 이와 관련해 《러브 마크Lovemarks》의 저자 케빈 로버츠Kevin Roberts의 이야기는 분명 귀 기울일 만하다.

"사람은 이성이 아니라 감성으로 움직인다. 이성과 감성의 근본적인 차이는 이성은 결론을 낳는 데 반해 감성은 행동을 낳는다는 점이다. 단순한 사실에 입각해 구매 결정을 내리는 소비자는 지극히 소수에 불과하다. 결국 마지막 순간에 결론을 내리는 것은 그 순간의 감성이다. '나는 이게 좋아, 마음에 들어.'"

킹스칼리지의 감성 연구자 딜런 에반스Dylan Evans에 따르면 감성은 1차 감성과 2차 감성으로 나뉜다. 1차 감성은 단순하고 격렬하며 통제할 수 없는 종류지만 우리의 행동에 가장 직접적으로 영향을 준다. 2차 감성은 사회적 감정으로, 사람들과의 관계에서 비롯한다. 1차 감성을 포괄하는 단어는 기쁨Joy, 슬픔Sorrow, 분노Anger, 두려움Fear, 놀람Surprise, 혐오감Disgust 등이고 2차 감성을 포괄하는 단어는 사랑Love, 죄의식Guilt, 수치Shame, 자존심Pride, 선망Envy, 질투Jealousy 등이다.

재미있는 것은 각 감성의 발현 시점이다. 혼자 있을 때는 1차 감성 위주다. 반면 누가 곁에 있으면 2차 감성이 기반이 된다. 현실에서는 2차 감성으로 사람들을 만나기 때문에 2차 감성이 근본적인 인간관계 형성의 기반이 된다. 결국 우리가 매일 만나는 사람들을 사랑이나 죄의식,

수치심 또는 자존심, 선망, 질투의 대상으로 대한다는 것이다.

이것이 네트워크를 통해 메시지가 퍼져나가는 실체다. 결국 정서가, 감정이 퍼져나가는 것이다. 하지만 여기에 대단히 흥미로운 지점이 하나 더 놓여 있다. 과거 이런 연구를 수행했을 때는 인터넷도 SNS도 없었다. 즉 1차 감성의 혼자 있을 때와 2차 감성의 사회적 관계는 분명히 구분됐다. 하지만 지금은 어떤가. 혼자 있어도 사회적 연결이 가능한 상태다. 'Alone Together' 상태가 의미하는 것은 1·2차 감정이 복합적으로 혼재돼 존재한다는 뜻이다. 기쁨, 슬픔, 분노, 혐오감 등의 1차 감정과 사랑, 수치, 자존심 등의 2차 감정이 뒤섞이는 것이다. 혼자 있지만 함께 있는, 반대로 함께 있지만 혼자 있는 상태의 다중존재Multi-presence가 우리의 생활로 침투했고, 바로 여기에 다이얼로그가 놓인다.

기술의 발달로 사람들은 그 어느 때보다 연결된 상태에 있고, 네트워크를 통해 연결된 사람들과 감정을 교류한다. 기술이 발전할수록, 네트워크가 고도화될수록 기술 자체가 아니라 감성이 더 중요한 요소로 부각되는 것은 바로 이 때문이다. 그래서 지금 이 시대는 "사랑과 기술이 만나면 거기서 걸작이 탄생한다"는 비평가 존 러스킨John Ruskin의 말이 진정으로 큰 의미를 갖는 것이다.

Why→ How→ What, 마음을 움직이는 골든 서클

인간은 모두 감정적인 동물이다. 그런데 수많은 기업들이 이 점을 간과

하면서 문제가 발생한다. 그들은 제품의 스펙을 알리는 데 엄청난 돈을 쏟아 붓지만 정작 판매는 신통치 않다. 각종 프로젝트 팀을 가동해 잘못된 원인을 파악하고 대책을 세우려 하지만, 여전히 잘못을 깨닫지 못하는 과오를 범한다.

기업은 고객과의 접점이 없다. 고객을 상대하는 콜센터나 AS센터는 기업의 아웃소싱 업체에 불과하다. 표면적으로 보면 그들은 고객의 불만을 접수하고 해결책을 제시하는 연결고리 역할을 하는 것 같지만, 엄밀히 따지자면 기업과 고객의 소통을 차단하는 장애물에 가깝다. 그들이 있어 기업은 고객과 소통하지 못한다. 콜센터는 1차 저지선, AS센터는 2차 저지선이다. 이들을 간신히 뚫은 고객만이 기업과 접선할 수 있다. 물론 기업이 자체적으로 고객의 다양한 요구에 대해 소통하기가 현실적으로 쉽지 않다는 점은 인정한다. 하지만 소통은 차단한 채 고객에게 사랑받기를 바라는 마음으로 브랜드 전략에 엄청난 비용을 들이는 것은 아이러니다.

그렇다면 기업은 고객의 마음에 어떻게 파고들어야 할까. 직접적인 소통 채널도 갖추지 못한 상태에서 말이다. 우리는 그 답을 애플의 광고에서 찾을 수 있다. 애플의 TV 광고를 보며 '와 멋진데! 빨리 저 제품을 사고 싶어' 라고 생각한 사람이 많을 것이다. 애플의 신제품 광고는 어김없이 대중의 마음을 파고드는 호소력을 자랑한다. 그리고 그 제품을 소유한 사람은 10원도 할인받지 못하더라도 불만이 없을뿐더러 오히려 뿌듯해하기까지 한다. 얼마 지나지 않아 업그레이드된 버전의 제품이 나오면 주저 없이 또 구입한다. 이상하지 않은가? 보통은 신제품이 출시되면 '아, 너무 빨리 사버렸어. 조금 더 기다릴걸' 하는데 말이다. 광고를 만들고 집행하는 입장에서는 얄밉지만 부러울 수밖에 없는 노릇이다.

도대체 비결이 무엇일까? 스타일리시한 제품 디자인 때문에? 사용성 수준의 차원이 달라서? 앱스토어라는 생태계를 잘 구축해서? 모두 맞는 말이다. 하지만 제품을 구매하기 전에는 이런 것들을 파악하기가 어렵다. 광고만으로 사람들의 구매 욕구를 불러일으키기에는 충분하지 않은 내용이다. 그렇다면 도대체 무슨 비밀이 숨어 있단 말인가!

마케팅 컨설턴트 사이먼 시넥Simon Sinek은 그의 저서 《Start with Why》(국내 미출간)를 통해 사람이 메시지를 받아들이는 과정에 대해 새로운 이론을 제시한다. 동시에 애플이 메시지 각인의 놀라운 비밀을 이해하는 기업임을 설명한다. 사이먼의 주문은 'Why에서 시작하라'는 것이다. 일반적인 마케팅 방식은 What이라는 물질적인 것에서 시작해 How라는 방법을 거쳐 Why라는 신념으로 끝난다. 하지만 사이먼은 Why로 시작해 How를 거쳐 What으로 가라고 주장한다. 일반 기업과 애플의 광고를 비교해보면 이해하기 쉽다.

일반 기업 : **"우리는 훌륭한 컴퓨터를 만듭니다.**What **→ 아름다운 디자인에 사용성도 편리하죠. 귀사의 업무 생산성을 극적으로 높여줄 것입니다. 지금 당장 매장에 가서 구입하세요.**How**"**

애플 : **"우리는 믿습니다. 기존의 것에 도전하고 다르게 생각하는 것이 중요하다고.**Why **→ 더 얇고 더 빠르고 더 가볍다는 것 모두 좋지만, 기술**

■ 위대한 리더들이 행동을 이끌어내는 핵심 비밀을 밝힌 '골든 서클 이론'으로 유명한 영국 작가이자 마케팅 컨설턴트 사이먼 시넥은 "Why에서 시작하라"고 주문한다.◆

이 한 발 물러나 있을 때 모든 게 더 즐거워지고 비로소 놀라워지는 것이라고. 그것을 위해 우리는 제품을 더욱 아름답게 디자인하고 지극히 즐겁게 사용할 수 있도록 노력합니다.How → 우리는 방금 그런 컴퓨터를 만들었습니다.What"

정보의 순서만 바꿔놓았을 뿐인데 애플의 광고에서는 설명할 수 없는 감동 같은 것이 밀려온다. 왜일까. 사이먼은 이것을 '골든 서클Golden Circle'이라는 개념으로 설명한다. Why를 이야기함으로써 감정적으로 연결되고 공감을 획득한다면, 사람들은 이후에 따라오는 논리(How)를

◆ http://www.flickr.com/photos/68023616@N06/6189964089/

반박하기보다 합리화하는 쪽으로 접근한다는 것이다. 이미 마음을 열었기 때문이다.

이성은 논리다. 논리는 사람의 마음을 파고들기가 쉽지 않다. 반대 논리에 의해 쉽게 무너지기 때문이다. 어떤 제품이 더 빠르다고 강조할 경우 '겨우 이 정도를 빠르다고 하는 거냐', '후속 제품이 한 달 뒤면 나오는데 이걸 사야 할 이유가 없다'와 같은 논리에 쉽게 굴복할 수밖에 없다. 하지만 정서를 먼저 자극하면 이성은 이를 합리화하는 방향에 서게 된다. 정서는 의미와 맞닿아 있기 때문이다. 정서는 내가 그것을 선택해야 하는 이유를 제공한다. 그래서 사이먼은 메시지를 전달할 때 '왜'를 먼저 이야기한 다음 '어떻게'를 보여주고 마지막에 '무엇'을 제시하는 골든 서클 구조를 제안하는 것이다.

좀더 자세히 살펴보자. 사이먼은 우리 두뇌의 인지 구조에 주목한다. 내면의 반응은 일차적으로 파충류 뇌라고 불리는 원시 뇌에서 일어난다. 이것은 본능에 가깝고 욕구, 동기에서 기인한다. 원시 뇌는 인간을 포함한 모든 동물에게 있어 가장 오래된 기관으로, 호흡과 운동, 온도 조절과 섭식, 성행위 등 생존과 직결된 기능을 관장한다. 하지만 원시 뇌의 정말 중요한 역할은 정서에 관한 것이다. 바로 마음을 관장하기 때문이다. 놀람, 공포, 스트레스 같은 방어적인 감정뿐 아니라 애정과 희생, 안정, 지적 욕구, 의미와 호기심 등이 모두 여기서 출발한다. 200만 년이 넘는 진화의 역사에 있어 인간의 이성은 겨우 20만 년 전에 탄생했다. 인간은 여전히 이성적 동물이라기보다 감성적 동물인 것이다.

그럼 인류가 이룩해낸 과학기술을 포함한 모든 종류의 진보들은 어떻게 설명할까? 인간에게 이성의 비중이 작다는 말이 아니다. 인간 두뇌의 80퍼센트는 다른 동물에게는 없는 인간만의 특성이다. 다만 우리가 어떤 대상이나 상황에 대해 판단을 내려야 할 때는 감정이 먼저 작용한다는 점을 주목해야 한다는 뜻이다.

말이 어렵게 느껴진다면 일상을 한번 생각해보자. 이성異性을 좋아하는 과정은 어떤가. 우리가 정한 어떤 기준을 충족하기 때문에 그 사람이 좋은 게 아니다. 어떤 정서적 부분이 갑자기 마음을 사로잡기 시작하면 그때부터 이성은 마비가 된다. 머지 않아 그를 좋아하는 이유를 찾아내 그에게 끌리는 마음을 정당화한다. 정서적 동기가 먼저 발생하고 이성이 뒤따라오는 것이다.

다툼이 생겼을 때도 마찬가지다. 소소한 섭섭함에서 비롯했음에도 그것이 제대로 치유되지 못하면 나중에 큰 실망감으로 변질된다. 상대가 내게 잘못했다는 명분들을 찾아내고, 이를 토대로 그를 무지막지하게 공격한다. 실상은 왜 나를 챙겨주지 않느냐는 감정에서 출발했는데도 말이다. 이성은 인류의 진보를 이루어낸 기적과도 같은 것이지만 감정에 있어서는 별다른 영향을 미치지 못한다. 즉 감성적 동물인 인간에게는 골든 서클이 가장 효과적인 메시지 전달 구조가 될 수 있는 것이다. 몇 가지 광고를 더 살펴보자.

"당신이 상상하던 바로 그 스마트폰! 1.2Ghz 초고속 듀얼 코어 성능, 800만 화소와 슈퍼 아몰레드 플러스로 실감나는 화면, 8.4mm 세계 최박 두께. 당신이 기다리던 바로 그 스마트폰."

모 제조사의 스마트폰 TV 광고 메시지를 약간 수정한 것이다. What

에서 시작해서 What으로 끝나는 전형적인 광고다. 어떤가, 구매 욕구가 일어나는가? 단언컨대 그렇지 않을 것이다. '그래서 뭐?' 하는 생각이 자동적으로 일어날 것이라고 확신한다. 솔직히 말하면 어째서 이런 호소력도 없는 광고를 고비용으로 집행하는지 광고주의 생각을 헤아릴 수 없을 정도다. 제품을 사지 말라고 광고하는 것과 뭐가 다른가. 다음의 메시지도 살펴보자.

> "당신은 살랑 부는 바람에도 까르르 웃던 소녀였습니다. 노을 지는 하늘을 보면 시인이 되던 소년이었습니다. 하지만 언젠가부터 당신은 세상에 감동하지 않았습니다. 신경 쓸 것이 너무 많아졌으니까요. 그래서 우리는 선명해졌습니다! 이 세상이 얼마나 아름다운지, 매일 마주치는 진짜 세상의 소중함을 잊지 않길 바라며… 우리는 선명해졌습니다!"

> "어른이 되고 싶었습니다. 어른의 시간은 즐겁게 여유로운 줄 알았습니다. 하지만 어른은 바빴습니다. 책임은 많고 시간은 모자랐습니다. 사랑하는 사람을 볼 시간조차. 그래서 우리는 빨라졌습니다. 당신이 더 많은 것을 보고 더 빨리 일할 수 있도록. 그래서 조금이라도 당신의 시간이 느리게 갈 수 있도록! 우리는 빨라졌습니다."

제품의 속도나 화질, 두께 등은 한마디도 하지 않았음에도 이 메시지는 마음을 움직인다. 왠지 좋은 제품이라는 생각이 든다. Why를 이야기하며 우리의 마음을 끌기 때문이다. 사이먼은 훌륭한 달변가들의 공통점도 바로 이 부분이라고 지적한다. 훌륭한 달변가는 곧 훌륭한 스토리텔러다. 그들은 심연의 의미를 건드리는 Why로부터 이야기를 시작해서 How로 이어가고, 마지막에 What을 꺼내든다.

또한 사이먼은 Why는 인간의 내면 욕구의 본질에 관한 것이기 때문에 쉽게 사라지는 종류가 아니라고 주장한다. 마틴 루터 킹Martin Luther King은 "저는 꿈이 있습니다I have a dream"라는 말을 시작으로 자신이 왜 지금에 이르게 됐는지, 우리가 지금 왜 이곳에 있는지를 설명했다. 라이트 형제Wright brothers는 하늘을 날고 싶었기 때문에 끊임없는 실패 속에서도 비행기 개발을 계속해서 추구할 수 있었다. 심리학자 마틴 샐리그만Martin Seligman은 직접 경험했던 무기력의 트라우마를 벗어나고 싶었기 때문에 평생 동안 긍정주의에 관해 연구할 수 있었다. 오바마 대통령은 "우리는 할 수 있습니다Yes, We Can"라는 정서로 미국 국민들을 사로잡았다.

모두 내면에서부터 출발한다. 즉 Why → How → What으로 이어지는 골든 서클은 효과적인 메시지 전달 구조인 동시에 강력한 내적 동기를 일으키는 방법인 것이다. 마지막으로 광고 한 편을 더 살펴보자.

단 하나의 보물たったひとつのたからもの

1984년 10월 19일, 우리에게 선물이 도착했습니다.

태어난 계절인 '가을(아키)' 과 남편이 좋아하는 '눈(유키)' 을 합쳐서 아키유키라고 이름을 붙여주었습니다.

하지만 생후1개월, 아키유키는 다운증후군으로 판명. 설상가상으로 합

■ 전형적인 골든 서클 구조를 따라 제작된 메이지 생명 TV 광고. 감성적 동기, Why를 자극하는 잘 만든 광고로 평가받는다.

병증까지 생겨 채 1년도 살지 못할 것이라는 청천벽력 같은 선고를 받게 됩니다.

감기라도 걸리면 끝장이다….

하지만, 무엇을 보든 무엇을 해도 늘 기뻐하고 행복해하는 아키유키의 모습에 한 걸음 한 걸음, 조금씩 조금씩 더 나아갔습니다.

살아야 한다. 그저 힘껏 살아가야 한다.

그렇게 아키유키와 보낸 6년의 나날들.

너와 만나지 않았다면 알지 못했을 일들….

고마워.◆

메이지 생명의 TV 광고다. 이 영상을 보며 눈물을 쏟는 사람들이 많을 것이다. 그리고 지금 떠올린 그 누군가를 향한 마음이 깊어지고 있음을 발견할 것이다. 참 감동적이고 슬픈 광고다. 그리고 또 한 가지. 광고

◆ http://www.youtube.com/watch?v=CDXYWQdkp7Y

의 메시지 구조는 전형적인 골든 서클을 따랐다. 내 마음을 지배하는 정서, 동기, 욕구들. 그것이 바로 Why이자 That's Why다. 내 마음 속 깊은 감성적 동기를 자극하고, 마지막에 내가 전달하고자 하는 What을 던진다. 단순한 말 같아도 거부할 수 없는 강력한 내적 감응이 일어나는 것을 경험하게 될 것이다.

디지털 호르몬 m의 정체는 곧 정서이며 마인드다. 다이얼로그 시대를 견인하는 새로운 에너지, 열정과 창의를 증폭시키는 새로운 원리의 기본이 바로 정서인 것이다. 물론 정서는 누구에게나 있다. 그렇기 때문에 디지털 호르몬 m의 구체적인 정의는 집단이 공유하는 공통의 의식이나 방법을 뜻하는 마인드셋에 가깝다. 소통이든 변화든 무언가를 만들어내기 위해서는, 내가 정서를 가져야 한다는 뜻이 아니라 사람들과 정서를 공유하고 나눌 수 있어야 한다는 뜻이다. 이제 주목해야 할 것은 기술이나 제품이 아니라 나와 사람들이 갖고 있는 정서다. 새로운 에너지는 바로 거기서 출발한다.

Chapter 6

연결될수록 에너지는 커진다
: 첫 번째 C, 커넥티드

스티브 잡스의 서거 이후 그와 필적할 사람으로 주저 없이 아마존의 제프 베조스Jeff Bezos가 거론된다. 그는 탁월한 기술적 안목을 바탕으로 온라인 서점에서 시작한 아마존을 오늘날 가장 위협적인 영향력을 발휘하는 온라인 전자 상거래 플랫폼으로 성장시켰다. 베조스는 다가오는 미래적 가치에 부합하는 시도에 주저함이라고는 찾아볼 수 없을 뿐 아니라 관심 분야의 업체나 기술을 공격적으로 영입해 아마존의 엔진에 연결하는 것으로 유명하다. 수많은 IT기업들이 소셜미디어를 위시한 기술의 마천루를 쌓아가는 동안 아마존은 땅을 파서 클라우드를 비롯해 모든 서비스들의 기반이 되는 인프라를 구축해 오늘날 전 세계 클라우드 서비스의 상당 부분을 차지했다.

베조스의 결정 가운데 특히 주목할 부분은 온라인 신발 가게 재포스

Zappos를 인수한 것이다. 보통 한 기업이 다른 기업에 인수되면 그 기업의 고유한 조직문화는 모기업에 의해 사라지거나 종속될 수밖에 없다. 하지만 아마존과 재포스는 기업의 인수가 아니라 기업 문화의 연결이라는 관점에서 대단히 주목받았다.

재포스는 고객 만족도를 극대화하기 위해서라면 자사의 손실도 기꺼이 감수하는 기업으로 유명하다. 그 비결은 기업 운영의 상당 부분이 관리와 통제가 아닌 임직원들의 자율적인 결정에 의거해서 이루어지기 때문이다. 그 결과 재포스는 미국에서 가장 존경받는 기업은 물론 가장 일하고 싶은 기업으로 왕좌를 차지하고 있다.

"나는 재포스의 기업문화를 사고 싶었다".

베조스는 재포스의 기업문화가 훼손되지 않도록 독자 경영을 보장했다. 아마존은 신대륙에 진출해 원주민을 정복하는 대신 그들과 정서적 연결을 통해 더 큰 가능성을 만들어낸 것이다.

이 사례는 연결이 만들어내는 강력한 에너지의 가능성을 보여준다. 서로 다름의 연결은 전혀 새로운 가능성을 열어주기 때문이다. 실제로 많은 글로벌 기업들도 인수를 통한 정복이 아니라 연결을 통한 더 큰 에너지를 만드는 쪽으로 관심을 돌리고 있다.

세계적인 무선통신 전문 업체 에릭슨Ericsson과 온라인 음반사 냅스터Napster. 전자는 한 세기에 걸쳐 명성을 떨친 대형 기업이고, 후자는 불법으로 낙인찍힌 사용자 간 파일 공유 서비스로 세계적인 인지도를 구축한 신생 회사였다(물론 2011년 냅스터는 경쟁사인 랩소디Rhapsody에 인수됐지만, 이것은 그보다 훨씬 전의 일이다). 해적과의 연합 전선을 구축한다? 언뜻 이해하기 어려울 수 있다. 어울리지 않아 보이는 두 기업은 연결을 통해 획기적인 서비스를 구축했다. 당시 에릭슨은 이동통신사들이 고객에게 음악을 판매하도록 돕는 서비스를 개발 중이었다. 그들이 직접 관련 기술을 개발한다면 취할 수 있는 이익은 더 커지겠지만, 초기에 시간과 비용이 많이 소요되는 만큼 섣불리 도전할 수 없었다. 결국 그들은 관련 기술을 확보한 기업과의 연결을 택했다. 그 상대가 바로 냅스터였다.

2005년 6월, 에릭슨과 냅스터는 휴대전화와 PC로 호환 가능한 디지털 음악 서비스를 출시했다. PC 사용자에게 대중적인 인기를 얻는 냅스터와 통신 사업자인 에릭슨의 강점을 연계한 이 서비스는 성공적인 결과를 거뒀다.

최근 구글이 모바일 업계의 애플과도 같았던 모토롤라를 인수하고, 마이크로소프트가 스카이프를 인수한 일도 그렇다. 사람들은 이제 아침에 일어나서부터 밤에 잠들 때까지 모바일 인터넷을 통해 계속 연결돼 있다. 원할 때면 언제나 카카오톡이나 페이스북, 트위터로 지인들과 즉시 대화를 나눌 수 있다. 주로 문자 메시지를 통해서다. 하지만 이 상태에서 바로 통화를 할 수도 있다면? 주소록을 뒤져 010로 시작하는 번호를 찾아 전화를 걸 필요 없이 말이다. 게다가 통신망을 이용하는 전화 통화는 10초당 일정 금액을 과금하지만 자신이 평소에 이용하는 모바일 서비스를 통한 인터넷 전화는 한 달 약정 범위 내에서는 무료다. 인터넷을 통한 전화 서비스의 부분적인 통화 품질 저하는 금세 극복될 것이다. 결국 인터넷과 전화라는 기능은 서로 연결되면서 경계가 사라지는 지점을 만나게 되는 것이다.

연결을 통한 새로운 시장의 개척은 생각 이상으로 가공할 파워를 만들어내는 경우가 많다. 최근 카카오톡이 메신저 기능에 음성 통화 기능을 새로이 연결하는 것과 관련해 통신사들이 격렬하게 우려를 표하는 것도 이 때문이다. 기존의 통신망 사업자들은 수익에 큰 타격을 입을 테고, 반면 새로운 비즈니스 모델로 인터넷 서비스 영역을 개척하는 회사들이 주도권을 잡게 될 것이기 때문이다.

그리고 이것이 $E=mC^2$이라는 열정 증폭 법칙에서 첫 번째 C로 연결Connected을 꼽는 이유다. 연결이란 나와 같은 정서나 의지를 지닌 사람과의 교류를 통해 그 에너지를 극대화하거나 내가 갖지 못한 능력이나 생각, 기술을 가진 사람과 손잡고 상호 보완적인 효과를 취하는 일을 뜻한다. 뒤에서 자세히 이야기하겠지만 전자는 '같은 연결', 후자는 '다른 연결'이라고 부른다.

연결성의 힘은 무엇보다 그것이 기하급수적인 가능성을 지닌다는 데 있다. 이런 상황을 가정해보자. 방 안에 36명이 있다. 이들은 누군가를 기다리는 중이다. 지루하던 차에 한 사람이 엉뚱한 내기를 제안한다.

"심심한데 게임이나 합시다. 우리 가운데 생일이 같은 사람이 있을까요, 없을까요?"

잠깐 생각해보기 바란다. 1년은 365일, 방 안에 있는 사람은 36명. 그럼 생일이 같은 사람은… 아마 365분의 36 정도로, 대략 10퍼센트쯤 되지 않을까? 대부분 생일이 같은 사람이 있을 확률이 아주 낮을 것이라고 생각한다. 하지만 결과는 뜻밖이다. 약 80퍼센트에 가까운 확률로 생일이 같은 사람이 있다. 왜 예측과 결과가 이토록 다를까. 원인은 자기 중심적으로 생각하기 때문이다. 만약 당신의 생일이 정월대보름이라면 정월대보름이 생일인 사람이 있을까만 고려했을 것이다.

아직 눈치를 못 챈 사람을 위해 조금 더 자세히 설명을 하자면, 방 안에 두 명이 있다고 치자. 두 사람의 생일이 같은 확률은 1/365다. 한 번만 비교하면 되니까 말이다. 상대방의 생일은 365일 중 하루일 테고, 그것은 나와 같거나 다를 것이다. 그런데 방 안에 세 명이 있다면? 세 번 비교해야 한다. 네 명이 있으면? 조금 어려워진다. 하지만 그림을 그려보면 쉽다. 총 여섯 번이다.

ⓒSoledad Martelletti

다섯 명일 경우를 또 물으면 책을 덮으려는 사람들이 생길 것 같아 이쯤에서 멈추겠다. 실제로 한 사람씩 늘어날 때마다 비교 횟수는 다음의 공식과 부합한다.

$$\frac{N(N-1)}{2}$$

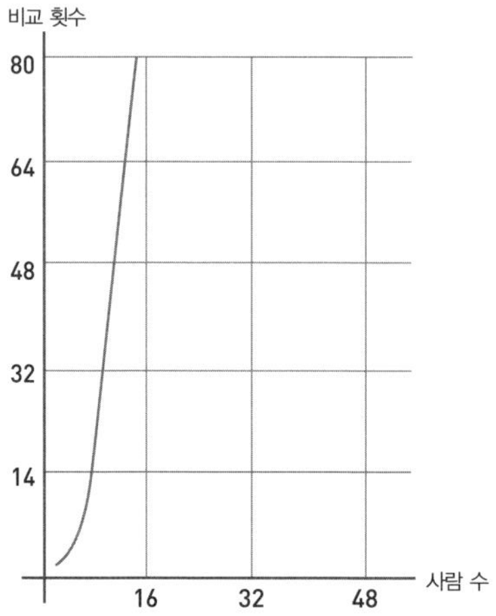

바로 기하급수 공식이다. 기하급수가 대단히 급속도로 늘어난다는 의미의 단어라는 것은 대부분 알 것이다. 그래프를 그려보면 더욱 실감이 난다. 사람이 늘어날수록 비교 횟수는 옆 그래프처럼 수직에 가깝게 올라간다.

방 안에 있는 36명 중 생일이 같은 사람이 몇 명인지를 알려면 무려 630번을 비교해야 한다. 그렇다면 같은 생일이 있을 확률은? 아래의 공식을 통해 풀어보자.

$$P(n) \approx 1-\left(\frac{364}{365}\right)^{C(N,2)}$$

23명이 넘는 순간 같은 생일이 있을 확률은 딱 50퍼센트가 된다. 57명이 넘으면 99퍼센트에 이른다. 흥미롭다고 생각한다면 여러분의 조직에서 확인해보라. 아마 벌써부터 입이 간질거릴 것이다. 이 이야기를 어떻게든 다른 사람에게 해줘야지 하고 벼르고 있을 테니까.

어쨌든 중요한 사실은 사람이 많이 모일수록, 연결이 많이 일어날수록 무한한 경우의 수들이 생겨나고, 그로 인해 거기서 발생하는 힘도 다

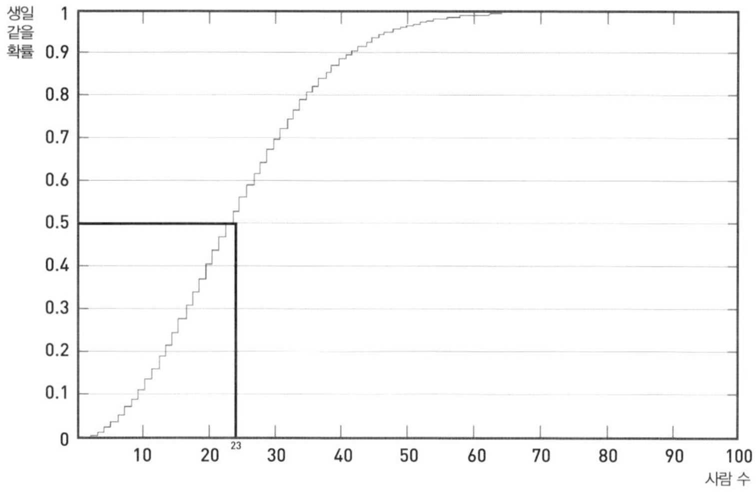

■ 생일 패러독스. 23명이 넘는 순간 생일이 같은 사람이 있을 확률은 절반이 넘는다.◆

양해지며 동시에 커진다는 것이다. 즉 우리는 연결을 통해 열정, 창의, 혁신을 유발하고 변화를 증폭시킬 수 있다.

모든 것이 연결되는 과잉 연결 시대

1958년 프린스턴대학교의 이론물리학자이자 수학자인 유진 위그너 Eugene Wigner는 규모가 크고 서로 연결돼 있는 물리계에서는 시스템의 규모가 확대되고 상호 연결성이 강화될수록 불안정 상태가 발생할 확률이

◆ http://en.wikipedia.org/wiki/Birthday_problem

크다고 밝혔다. 1970년 영국의 사이버네틱스 전문가 W. 로스 애슈비W. Ross ashby는 "모든 거대하고 복잡한 동적 시스템의 연결성은 임계점에 이를 때까지만 안정적인 특성을 보이며, 이후 연결성이 커질수록 급격한 불안정 상태에 이른다"고 말했다. 또한 예일대학교의 조직이론가 찰스 페로Charls Perrow는 "시스템이 고도로 상호 연결된 상태일 때는 복합적인 고장이 일어났을 경우 근본적인 원인을 빨리 알아내기가 어렵기 때문에 조치는 언제나 실패할 가능성이 높다"고 지적했다.

이들의 말이 내포하는 의미는 대단히 크다. 현대 사회가 하루가 다르게 엄청난 속도로 변화하는 현상의 이유를 설명하기 때문이다. 연결성이 커질수록 변화의 속도는 커진다. 즉, 어떤 시스템의 연결성이 임계점을 넘어가면 작은 이슈 하나만으로도 시스템 전체에 무시할 수 없는 파장을 던질 수 있고, 때로는 혼란을 초래할 수도 있다는 뜻이다. 게다가 그 원인을 알아내기가 쉽지 않기 때문에 멈추기도 어렵다.

벤처 투자가이자 실리콘밸리의 엔지니어로 유명한 윌리엄 데이비도우William H. Davidow는 저서 《과잉 연결 시대Overconnected》를 통해 시대의 진보는 각종 사람과 자원의 연결성 수준으로 구분할 수 있다고 분석했다. 그는 연결성의 상태를 다음의 네 단계로 구분한다.

■ 연결 이전underconnected 상태 : 고립된 고대 문명같이 주변 환경의 변화에 둔감하며 내부의 자체 변화는 거의 일어나지 않는 상태. 변화는 부정적인 것으로 인식되며, 시스템이 변함없이 유지되고 지켜지는 것에 큰 가치를 부여한다. 장인Master이 중심이 되는 도제 사회도 연결 이전 시대의

대표 사례다. 이러한 문화권은 새로운 환경과 맞닥뜨리는 순간 큰 충격을 경험하는데, 그 부작용은 파괴적인 수준일 수 있다.

■ 상호 연결interconnected 상태 : 기업과 정부기관, 경제 시스템 등이 생겨나고, 그것들이 서로 의존하는 상태. 안정된 성장을 목표로 발전하고 그만큼의 변화를 자연스럽게 수용한다.

■ 고도 연결highconnected 상태 : 매스미디어에 의해 전 세계가 연결되고 인터넷이 보급되면서 연결성이 대단히 고도화되며 글로벌 지구촌의 시대로 진입한다. 하지만 연결성은 여전히 감당할 수 있는 임계 지점으로 실리콘밸리가 대표 사례다. 주변 환경은 변화 적응에 어려움을 겪지만 최소한의 혼란을 감수하면서 그 과정을 극복해낸다.

■ 연결 과잉overconnected 상태 : 각종 매체를 통해서만 간접적으로 연결됐던 상태를 넘어 이제 개인들 모두가 또 다른 모두와 직접적으로 연결되는 상태로 진입한다. 변화를 따라잡지 못하면 낙오자라는 인식이 자연스러워지고 정체는 부정적인 것으로 인식된다. 하지만 각 주체들 간의 변화 속도가 너무나도 빠른 나머지 주변 환경이 그 속도를 따라잡지 못하는 상태가 된다. 이로 인해 심각한 문화 지체 현상이 일어나고, 사회 주체들이 거기에 압도돼 혼란에 빠지게 된다.

다시 말해 시스템의 규모가 확대되고 상호 연결성이 강화될수록 불안정 상태가 발생할 확률이 급속도로 커지며 이로 인해 문화 지체 현상이 발생한다는 것이다. 문화 지체 현상은 문화의 한 요소가 변화하면서 지금까지 보조를 맞춰왔던 주위 환경이 그 변화를 따라잡지 못하는 현상을 말한다. 문제는 연결성의 강화로 인한 복잡성의 동반 상승으로 변화를 감당해내기가 점차 어려워진다는 것이다. 반대로 변화에 대한 스트레스는 기하급수적으로 커질 수밖에 없다.

그런데 여기에 한 가지 변수가 더 있다. 정보는 연결성이 커질수록 복잡성이 커져 다루기가 어려워진다. 이것만 놓고 보자면 연결성의 강화는 긍정적인 측면보다 부정적인 측면이 훨씬 많다. 하지만 우리가 아직 이야기하지 않은 한 가지가 있다. 만약 사람의 연결성이 커지면 어떻게 될까?

한 공간에 불과 세 사람만 모여도 미처 생각하지 못했던 정보들을 접한다. 그리고 숫자가 늘어남에 따라 새로이 연결되는 경우의 수는 기하급수적으로 늘어난다. 이것이 의미하는 바는 연결의 수가 늘어날수록 전에 알지 못했던 새로운 정보를 접할 가능성이 엄청나게 증가한다는 의미다. 그런데 이것은 정적인 대상에 대해 이야기할 때의 상황이다. 여기서 말하고자 하는 대상은 바로 사람이다. 사람은 서로 상호작용을 나누는 살아 있는 존재다. 그리고 집단 내에서 자신이 의미 있는 사람이기를 바라고, 어떤 형태로든 참여하고 기여하기를 바란다. 만약 연결된 정보가 다른 사람 역시 흥미를 가질 만한 내용이라면 우리는 집중적으로 그것을 연결하고자 애쓰기까지 한다. 결국 더 많이 연결될수록 더 많은 사람들에게 새로운 정보와 지식 들이 전파된다는 뜻이다. 그래서 변화의 속도는 연결의 수준과 직결하는 것이다.

과거 사람들은 물리적 공간이라는 제약에 묶여 생활했다. 물리적 제약 내에서 연결되는 사람의 수는 그야말로 마을 부족의 수준이었다. 하지만 기술이 발전할수록 더 먼 거리에 있는 사람들을 일상적으로 만나게 됐고 그만큼 세상은 빠르게 변하기 시작했다. 교통수단이 발달하는 만큼, 유·무선의 기술이 발전하는 만큼 말이다. 변화의 수준이 날이 가면 갈수록 기하급수적으로 빨라진다고 느끼는 것은 당연하다. 이제 세상은 디지털과 아날로그의 경계마저 사라지는 다이얼로그의 시대로 접어들었다. 세계는 정보의 홍수 시대를 넘어 그것을 낚싯줄에 매달아 자신의 관계망에 마구마구 던지는 시대가 됐다. 미국의 월스트리트 시위를 비롯해 이란과 이라크에서 촉발된 혁명이 중동을 넘어 전 세계로 확산되지 않던가.

무엇보다 우리가 인지할 사실은 연결성 안에 담긴 정서다. 그 안에는 사람들이 서로 내적으로 연결되고 스스로 주도성을 갖게 하는 정서가 담겨 있다. 변화를 만들어내고자 하는 정서 말이다. 연결성이 커질수록 주도성의 정서가 커진다는 것은 사람들이 서로 협력하는 방식 자체가 달라진다는 의미다.

협력과 협업

고도 연결 상태에 이르기까지 사회를 지배하는 의식구조의 중심은 We였다. 우리가 있어야 내가 존재한다는 방식이었다. 이런 패러다임에서는 리더의 역할이 중요했다. 불확실한 미래에 살아남기 위해서는 일치된 단결을 만들어내고 일사분란하게 한방향을 향해 달려가는 것이 중요했다. 이때 중요한 것은 주어진 일에 최선을 다하고 조직의 필요에 따라 서로 협력하는 것이었다. 하지만 과잉 연결 상태에 이르면 이제 내가 있어야 우리가 있다는 Me의 세상으로 가치 관계가 역전된다. 조직생활에서의 협력과 별도로 사람들은 자기 의지에 따라 만난 사람들과 적극적으로 자신을 개방하고 다름을 연결하며 협업한다.

협력Cooperation은 하나의 일이 주어졌을 때 기능적 관점에서 여러 갈래로 분해한 다음 담당자를 지정해 완수하도록 만들고 나중에 이들을 합치는 방식이다. 즉 분할정복법Devide and Conquer을 따르는 방식이다. 반면 협업은 하나의 일을 여러 사람이 소통하며 동시에 추진하는 방식이다. 일의 분업은 상황에 따라 동적으로 일어나고 다른 사람의 역할을 스스로 오버랩하며 보완한다.

무엇보다 중요한 점은 협업Collaboration 방식에서는 서로가 무엇을 하는지 모두가 파악할 정도로 토론과 대화를 충분히 하며 공동의 목표를 완수해간다는 것이다. 여기에는 리더에 의한 지시와 수행이 아니라 자율적 판단에 의거해 일을 만들고 찾아간다는 특징이 있다. 이 방식에서는 리더십이 아니라 깃발을 들고 뛰는 사람이라는 뜻의 리드Lead가 공유하는 정신인 '리드십Leadship'이 지배한다.

리더십과 리드십은 언뜻 차이가 없어 보일지 모른다. 하지만 이 두 가지가 만들어내는 가치의 차이는 확연히 다르다. 왜냐하면 리더십에 의거한 목표 달성은 그 기대 최대치가 100이라고 했을 경우 실현 결과가 절대로 100을 넘을 수 없지만, 리드십에 의거한 협업은 아무도 결과를 예측할 수 없다. 왜냐하면 리드십은 서로 다름의 연결을 기반으로 하고,

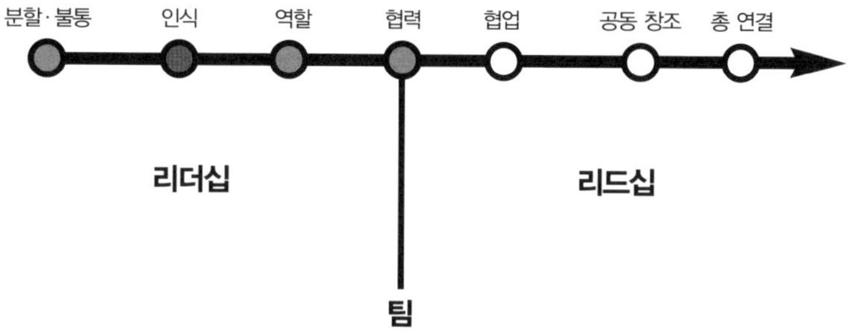

그 연결의 가능성은 우리가 생각하는 수준을 넘어서기 때문이다. 즉 마술이 실현된다. 혁신을 창발시키고 싶다면 답은 명백하다. 리더십이 아니라 리드십이다. 분할이 아니라 연결이다.

그렇다면 이토록 거대한 힘을 지니는 연결은 어떻게 가능할까. 이를 통해 우리가 원하는 에너지를 어떻게 만들어낼 수 있을까. 연결이 일어나는 경우의 수는 셀 수 없이 많지만 가장 주효하고도 의미 있는 연결은 크게 두 가지로 나눈다. 바로 같은 연결과 다른 연결이 그것이다.

같은 연결은 열정과 변화를 양산한다, 레드 햇 소사이어티

먼저 같은 연결에 대해 이야기해보자. 1998년 어느 날, 캘리포니아 오렌지카운티에 살던 수 엘런 쿠퍼는 미국 아리조나 주의 남부에 있는 도시 투손에 사는 친구를 찾아가 시간을 보냈다. 미국에서 가장 햇빛이 찬란한 도시인 투손은 캘리포니아와는 느낌이 또 달랐다.

길을 걷던 수는 충동적으로 중고품 가게에 들어가 연붉은 페도라(챙

이 말려 있고 높이가 낮은 중절모)를 구입했다. 특별한 이유는 없었다. 값이 싸기도 했지만 꽤 근사해 보였기 때문이다. 따뜻한 햇살이 챙 사이로 스며들어오면 그녀는 기분이 더없이 밝고 가벼워졌다. '이런 게 삶이지….' 입가에 저절로 미소가 번졌다.

그녀는 이런 여유가 좋았다. 남들은 쉰을 훌쩍 넘긴 황혼에 접어들면 아름다움은 물론 기력도 잃어간다며 슬퍼했지만, 수는 동의하지 않았다. 삶에서 가장 찬란한 순간은 바로 지금임을 알았기 때문이다. 젊을 때는 결코 알 수 없는 세상이 바로 지금 펼쳐지고 있었다. 정말이지 아무런 특별할 것도 없는 날이었지만 이 평범한 일상이 그녀에게는 잊을 수 없는 소중한 시간이었다. 하지만 그녀가 모르는 것이 한 가지 있었다. 이 순간이 그녀의 인생을 통틀어서도 완전히 잊을 수 없는 날이 되리라는 것을 말이다.

그로부터 1년 후 수는 유명한 여류시인 제니 조셉Jenny Joseph의 시 〈경고Warning〉를 읽다가 깜짝 놀랐다. 시는 '내가 늙은 여자가 되면, 나는 보라색 옷을 입고 빨간 모자를 쓰겠노라'라는 문장으로 시작했다. 시를 읽자마자 그녀는 강렬한 동질감에 사로잡혔다.

"그래, 오십이라는 나이는 이런 강렬함이야!"

수는 제니의 시에 완전히 빠져들었고, 마침 생일을 맞은 친구 린다에게 빈티지 풍의 빨간 모자와 그 시를 옮겨 적은 편지를 함께 보냈다. 수와 많은 면에서 닮은 린다는 선물을 받자마자 격렬한 감동에 몸을 떨었다. 모자는 단순한 패션 소품이 아니었다. 쉰을 넘긴 사람들에게 생일은 자신의 빛바램을 자각하는 상징이 되기 일쑤지만, 빨간 모자와 편지 덕분에 린다는 새로운 시작을 예감할 수 있었다.

린다 역시 수가 했던 것처럼 친구들에게 선물을 보내기 시작했다. 한 명, 두 명, 세 명…. 그렇게 그 숫자는 계속 늘어났다. 그리고 어느 날 문득 제니가 그렸던 시의 모습을 완성해야 할 때가 왔음을 알아차렸다.

2001년의 어느 날, 보라색 옷을 입고 빨간 모자를 쓴 10여 명이 마침내 한자리에 모였다. 그들은 누가 먼저랄 것 없이 모두 감격에 사로잡혔다. 최선을 다해 삶을 열심히 살아온, 그야말로 멋진 여성들이 한자리에 모인 것이었다. 한 사람 한 사람이 정말 아름다워서 눈이 부실 지경이었다. 티 파티는 대성공이었다. 이른바 '레드 햇Red Hat' 모임이 탄생하는 순간이었다.

파티에 참여한 사람들은 린다와 수처럼 자신의 친구들에게 빨간 모자를 선물했고, 모임에 초대하기 시작했다. 참가자 수는 급격히 늘었고, 더 이상 티 파티를 열기엔 인원이 너무 많은 지경에 이르렀다. 어떻게 할까 고민했지만 답을 얻기까지는 그리 오래 걸리지 않았다. 누가 대표를 맡아 이끌어가는 모임이 아니었기 때문이다. 각자가 자신의 지역에서 레드 햇 모임을 가지면 그만이었다. 즉 지부의 개념이었다. 친구들이 자신의 지역에서 레드 햇 모임을 하고 싶다고 제안하면 기존 멤버들은 적극적으로 독려하고 기꺼이 도왔다.

'자신의 나이를 기쁘게 받아들이고 연대감을 소중히 여길 것'을 신조로 하는 레드 햇은 모임의 정신과 의도를 확산시키기 쉬웠고, 브랜드 효과도 강력했다. 지부들은 계속해서 확산됐고, 마침내 '레드 햇 소사이어티'◆가 탄생하기에 이르렀다. 삶의 찬란한 순간을 함께할 수 있는 모든 여성들이 모인 열린 공동체가 만들어진 것이다.

지부가 커지자 그들의 활동 양상도 달라졌다. 역시나 많아지면 달라지는 법이다. 처음에 그들은 티 파티 수준의 친목 행사를 가지는 데 만족했으나 점차 지자체의 각종 행사에도 참여하며 에너지 넘치는 인생 후반기를 만드는 모임으로 외연을 확장해갔다.

그러나 아직은 시작에 불과했다. 매스미디어와 인터넷의 영향으로 수많은 사람들이 레드 햇 소사이어티를 발견했고, 단숨에 유명세를 탔다. 사진과 영상을 본 많은 사람들이 레드 햇 소사이어티에 참여하거나 자신의 지역에 지부를 만들고 싶어 했다. 어떻게 모임을 시작하는지, 어떻게 참여하는지에서부터 어디서 모자를 구입할 수 있는지, 의상은 어떻게 마련하면 되는지 등 각종 문의가 빗발쳤다. 형식적으로 만들어놓았던 임시 홈페이지는 공식 소통 채널이 됐고, 단순한 친목 모임을 넘어 조직의 모습을 띠기 시작했다. 레드 햇 소아이어티를 총괄하는 본사 개념의 햇 쿼터Hat Quarter를 신설해 지부를 시작하려는 사람들의 문의를 처리했다. 이때부터 각 지부를 처음 만든 사람은 '퀸'이라 불렀다. 50명이 넘는 지부는 레드해터즈RedHatters라고 명명했다.

조직적인 면모를 갖추긴 했지만 레드 햇은 기존의 기능적 조직과는 분명 달랐다. 모든 것이 상부에 의해 결정 나는 것이 아니라 지부가 알아서 스스로 채택했기 때문이다. 단지 지부를 처음 세운 사람의 공로만큼은 지켜주어야 한다는 정신에 퀸이라는 호칭을 공식적으로 부여하는

◆ http://redhatsociety.com

정도였다. 퀸이 없어도 상관없었다. 퀸은 권력이 아닌 명예였고, 기꺼이 존중하고 봉사하겠다는 마음을 담은 칭호였을 뿐이다. 그 정점에 있는 수 엘런은 '고귀한 여왕의 어머니Exalted Queen Mother' 라고 불렸다. 레드 햇 소사이어티는 매스커뮤니케이션 전문가 클레이 서키 교수가 말한 '조직화되지 않은 조직' 의 대표 사례다. 그리고 그 에너지는 기존의 조직을 훨씬 뛰어넘는 수준이다.

시간이 지날수록 '50대 이상의 여성' 으로 규정했던 자격 기준도 경계가 허물어져갔다. 50대 이하의 여성들도 참가하고 싶다는 문의가 쇄도하면서, 핑크 모자에 라벤더 색 의상을 입은 '핑크해터즈' 가 탄생했다. 변종이 탄생하자 소사이어티의 다양성도 커졌다. 생일을 맞은 회원은 그달에는 빨간 모자 대신 핑크 모자를, 보라색 의상 대신 라벤더 색 의상으로 바꿔 입는 예외를 누릴 수 있었다. 그저 모자와 옷의 색상을 바꾸는 작은 변화에 불과하다고 생각할지 모르겠지만 그렇게 간단한 일이 아니었다. 이것은 레드 햇 소사이어티가 서로 함께 만들어가는 나의 공동체이자 생명이 살아 숨 쉬는 공기와도 같은 것으로 변모되는 계기였다. 모임 자체가 스스로 살아있는 개체로서 진화를 시작한 것이다.

이후 모임은 폭발적으로 성장했다. 50대를 중심으로 출발했던 모임은 2005년을 기점으로 40대 여성은 물론 110세인 네바 모리스Neva Morris가 가세하면서 사실상 여성을 대표하는 단체로 자리를 잡았다. 레드 햇 소사이어티는 이제 미디어, 시민을 상대로 하는 공식 성명서를 채택한다. 각종 여성 노인 사회문제에 대한 소사이어티의 입장이 중요한 정치적 힘을 갖기에 이르렀다. 매년 4월 25일 열리는 레드 햇 소사이어티의

■ 조직화되지 않은 조직의 대표 사례로 꼽히는 레드 햇 소사이어티. 친목 모임으로 시작해 여성을 대표하는 국제 조직으로 성장했다.

공식 행사는 호텔을 몇 개씩이나 빌려 운영할 정도로 규모와 질적인 면에서 여느 행사를 압도하고도 남을 정도다.

무서운 기세로 성장하다보니 회원들도 그 너머에 무엇이 있는지, 어떻게 흘러갈지 상상할 수 없었다. 일면 불안하기도 했다. 지금은 뜨거운 용광로처럼 번져나가지만 건강하고 지속가능하게 발전할 수 있을까? 어느 순간 무너져 내리는 것은 아닐까? 불안이 엄습해오는 것은 어쩌면 당연한 일이었다. 조직화되지 않은 조직은 폭발적인 성장의 특성만큼 불안정성 역시 내포할 수밖에 없기 때문이었다. 하지만 이것은 시작에 불과했다.

그들을 기다리던 거대한 파도는 네바가 합류했던 2005년의 이듬해에 함께 몰려왔다. 그것은 유선인터넷이 마침내 생활의 일부로 자연스럽게 받아들여지는 수준의 임계 지점이었다. 2006년에 접어들자 미국은 인구의 70퍼센트에 육박하는 약 2억 명이 인터넷을 사용했다. 한국 역시 인터넷 이용자 수가 3,400만 명에 이르며 가파른 속도로 70퍼센트를 넘기려 하고 있었다. 일부 유럽과 개발도상국을 제외한 대부분의 국가들도 2006년을 기점으로 인터넷 사용률이 50퍼센트를 넘어서기 시작했다. 그리고 불과 5년이 지난 2011년 무렵 90퍼센트를 돌파한다. 임계 지점을 넘어선다는 말의 의미는 집에 들어오면 자연스럽게 TV를 켜듯 인터넷이 생활화됐다는 뜻이다.

그런데 인터넷 사용 인구의 증가가 레드 햇 소사이어티와 무슨 상관이 있을까? 대단히 밀접한 관련이 있다. 바로 블로그 때문이다. 블로그가 처음 수면 위로 떠오른 때는 2003년이다. 미·영 연합군이 바그다드를 무자비하게 폭격하는 현장을 한 이라크 인이 자신의 블로그에 생생하게 전하며 평화를 외치면서 전 세계적인 관심을 모았다. 이후 블로그는 기존 미디어가 담아내지 못하는 세상의 나머지 영역에 대한 새로운 채널로 급부상했다. 지금 어떤 현장에서 일어나는 일을 가장 잘 전달할 수 있는 사람은 바로 현장에 있는 사람이다.

블로그는 현장에 있는 사람의 이야기를 담아내기에 최적의 매체였다. 블로그 운영자는 홈페이지를 제작하기 위한 HTML과 같은 코드를 이해할 필요도 없었고, 문서 작성을 하듯 글을 쓰기만 하면 그만이었다. 이용자 역시 그저 구독 버튼만 누르면 매번 해당 블로그에 방문할 필요 없이 자신의 메일이나 구독 서비스를 통해 열람할 수 있었다.

이용의 편의성 외에도 블로그의 매력은 넘쳐났다. 시시각각 사건이 벌어지는 세계 곳곳의 현장들, 지금 이 순간의 다양한 관심사들을 기자들이 일일이 쫓아다닐 수는 없는 노릇이었다. 매스미디어는 지면이나 방송 시간의 제약 때문에 시청률이나 광고 수주의 정도 등 우선순위에 따라 내용을 선정하고 편집해서 제공했다. 내가 좋아하는 평범하고 시시콜콜한, 그렇지만 의미 있다고 생각하는 것들은 매스미디어가 매력을 느낄 만한 소재가 아니었다. 하지만 블로그는 달랐다. 블로거(블로그 운영자)는 자신의 관심사에 따라 다루고자 하는 내용을 마음껏 다양한 각도에서 조명할 수 있었다. 그 글에 대한 사람들의 피드백은 불에 기름을 끼얹듯 블로거의 내적 동기를 자극했고, 결과적으로 더 좋은 이야기와 더 많은 구독자라는 역학관계를 만들어냈다.

인터넷 사용 인구가 많아질수록 대안 미디어로서 블로그의 가치는 더욱 커졌고, 결국 블로그 서비스는 2004년을 기점으로 미디어의 한 영역으로 완전히 자리 잡았다. 여기서부터 피드백 현상이 일어나기 시작했다. 오피니언 리더 그룹에 해당하는 정치인, 미디어 비평가, 칼럼니스트, 전문가 들이 자신의 블로그에 전문적인 글들을 게재했고, 이들의 글을 구독하는 많은 네티즌 사이에 회자됐다. 또한 이것이 매스미디어에서도 인용되면서 많은 사람들에게 알려지고, 그만큼 블로그의 구독자 수도 늘어갔다. 피드백 현상이 일어날수록 사람들은 매스미디어를 거치지 않은 채 블로그를 직접 구독해서 보기 시작했다. 다양한 블로그 글들을 자체 또는 에디터 편집에 의거해 모아 제공하는 메타블로그 서비스들이 등장하면서 그 수준은 더욱 강화됐다.

재미있는 점은 블로그가 1인 미디어로 주목받으면서 너 나 할 것 없이 자신만의 이야기를 전하는 채널로서 블로그를 개설했다는 사실이다. '나도 내 일상의 이야기를, 내가 관심 있어 하는 이야기를 써야겠는걸' 하고 결심하는 사람들이 많아졌다. 구글은 이 점을 놓치지 않았다. 2003년 구글은 에반 윌리엄스가 설립한 블로거닷컴을 인수해 본격적으로 블로그 확산 운동을 주도했다. 결국 2006년 블로그의 개설 수는 전 세계 7,000만 개를 돌파했고 2009년에는 2억 개를 넘어섰다. 한국은 인터넷 인구의 39.6퍼센트에 이르는 무려 1,341만 명이 블로그를 개설했을 정도다. 매일 50만 개의 블로그가 새로 만들어졌고, 하루에만 1억 개의 글이 갱신됐다.

즉 2006년 이후 인터넷은 생활의 일부로 자리 잡았다. 인터넷이 공공재처럼 인프라화되자 그 위에 블로그라는 콘텐츠 서비스가 본격적으로 확산됐다. 전기가 공공재가 되자 전기를 기반으로 하는 모든 산업들이 빛을 발한 것처럼 블로그도 무서운 속도로 성장하기 시작했다. 세상 곳곳의 이야기들이 블로그를 통해 엄청나게 확산됐고, 사람들은 지구촌 곳곳에서 벌어지는 흥미로운 이야기들을 손쉽게 발견할 수 있었다. 블로그는 수많은 다수에게 즉시 전달하는 실시간성 면에서는 매스미디어에 비해 다소 약했지만, 블로그 구독자와의 강력한 유대관계로 인해 신뢰성과 영향력 면에서는 오히려 우위에 있었다.

인터넷 사용 인구의 증가와 레드 햇 소사이어티의 확산이 지니는 관계를 설명하기 위해 너무 많이 돌아왔다. 하지만 레드 햇 소사이어티의 성장은 인터넷의 역사와 무관하지 않기 때문에 필요한 이야기였다. 수많은 블로그에 레드 햇 소사이어티가 소개되며 사람들에게 확산됐고, 결국 매스미디어가 조망하면서 피드백 현상이 발생했다. 2006년 들어 지부의 수가 폭발적으로 증가해 무려 약 4만 1,000개에 도달했다. 이들 대부분은 인접한 지역 간을 제외하고는 실제로 만날 일이 거의 없다. 레드 햇 소사이어티 홍콩 지부 회원들이 미국 지부의 회원들과 직접 만나기는 쉽지 않다. 그럼에도 이들은 모두가 레드 햇 소사이어티의 일원이라는 강력한 연대 의식을 형성한다. 마치 해외에서 자국민을 만났을 때 느끼는 동질감과 유사하다. 내가 중심이 된 우리, 정서적 동질성을 공유하는 거대한 연결은 레드 햇 소사이어티가 보여준 의미 있는 현장이었다.

레드 햇 소사이어티는 연결을 통해 무엇인가를 이루고자 하는 사람들에게 중요한 시사점을 제공한다. 바로 사람들을 동참시키기 위해서는 공감대 형성이 우선이라는 사실이다. 레드 햇 소사이어티는 나이 드는 일도 충분히 아름답고 의미 있다는 메시지에서 시작했고, 그 메시지는 사람들이 공감하기에 충분했다. 즉 모임의 기반은 정서의 교감, 메시지의 공유였던 셈이다. 같은 연결이란 비슷한 생각을 지닌 사람, 뜻을 같이하는 조직을 찾아 그 생각과 메시지를 극대화하는 것이다.

뚜렷한 메시지 하나를 공유한 사람들은 그 의미를 좀더 구체화하고 마침내 실현해내기 위해 열정을 불태운다. 그것은 나를 위한 일인 동시에 우리를 위한 일이기 때문에 누구 하나 몸을 사리거나 움츠러드는 법이 없다. 모두가 더 뜨겁게 더 열정적으로 도전하고 결국 놀라운 변화를 이끌어낸다. 레드 햇 소사이어티가 가장 명백한 증거가 아닌가!

다른 연결은 창의와 혁신을 잉태한다, 오픈 이노베이션

영국의 한 병원이 응급실 문제로 고민했다. 응급실이 어떤 곳인가. 늘 촉각을 다투는 다급한 환자들로 붐비다보니 언제나 혼란과 무질서로 정신이 없다. 여기저기서 밀려들어오는 환자들을 처리하다보면 의료진은 혼이 쏙 빠지기 일쑤다. 하지만 잠깐의 지연이나 방심으로도 환자의 생명이 오갈 수 있기 때문에 한시도 긴장을 늦출 수 없다. 병원의 고민도 이런 상황에서 기인했다. 생사를 오가는 환자들을 어떻게 하면 더 빨리 더 효율적으로 도울 수 있을까. 이미 의료진이 충분히 노력하지만 좀더 좋은 방법은 없을까. 환자 한 명을 치료하는 데 들이는 시간만 단축해도 상황이 나아질 텐데 말이다.

해답은 뜻밖의 곳에서 발견됐다. 병원이나 의료와는 전혀 상관없는 곳, 바로 F1 자동차 경기장이었다. 자동차 경기를 한 번이라도 본 사람은 알 것이다. 경기 도중에 정비를 위해 경주차가 잠시 멈추면 정비요원 수십 명이 몰려와 불과 몇 초 만에 타이어 교체와 연료 주입을 끝낸다. 각 요원마다 맡은 역할과 동선을 미리 맞췄기에 가능한 일이다. 병원은 그 노하우를 치료에 접목했고, 환자당 응급 처치 시간을 크게 단축할 수 있었다.

이것이 바로 다른 연결의 사례다. 다른 연결은 나 혹은 우리와 전혀 다른 것, 낯설고 생경한 것과의 연결을 통해 전혀 새로운 것을 만들어낸다. 특수 등산복 소재로 쓰이는 고어텍스로 유명한 고어Gore의 테리 켈리Terry Kelly 사장은 "최고의 혁신, 가장 가치 있는 혁신은 다른 관점과 독특한 시각에서 나온다"고 강조한 바 있는데, 이 역시 다른 연결에 대한 정의라 할 수 있다. 내가 아닌 타인, 안이 아닌 밖과의 연결을 통해 해결책을 찾는다는 점에서 다른 연결은 버클리대학교 하스경영대학원 헨리 체스브로Henry W. Chesbrough UC 교수의 '오픈 이노베이션Open Innovation'과 일맥상통한다. 그는 자신의 책 《오픈 이노베이션》에서 그것의 패러다임을 다음과 같이 설명한다.

"회사의 사업을 진척시키는 그 어떠한 자원에서든 가치 있는 아이디어를 이용하며, 회사의 아이디어 또한 다른 회사가 이용하게 한다. 회사를 둘러싼 지식 세계에 스스로 개방함으로써 21세기 기업은 오늘날 많은 회사의 연구 개발 활동을 약화시킨 혁신의 역설을 피할 수 있다. 그럼으로써 회사는 현재 진행 중인 사업을 새롭게 개선하고 새로운 사업을 창출할 수 있다. 혁신적 회사의 입장에서 보면, 지식이 풍부한 요즘이 가장 좋은 기회일 것이다."

디자인 기업 아이디오IDEO는 다른 연결의 추종자라 할 만하다. 아이디오가 누구인가. 창조의 대명사이자 최고의 혁신 공장으로 꼽히는 기업이 아닌가. 애플의 최초 마우스와 PDA 시장을 새롭게 개척한 팜V, P&G 어린이 치약, 삼성 모니터, 현대카드 시리즈 등을 디자인했다. 그리고 사용자를 배려한 혁신적인 디자인으로 유명하다. 아이디오의 성공 비결이 바로 다른 연결이다. 아이디오의 창립자인 톰 켈리Tom Kelly는 한 분야의 아이디어를 다른 분야와 접목하는 것을 혁신의 주요 덕목으로 꼽는다. 스티브 잡스 역시 창의성은 서로 다름의 연결 이상도 이하도 아니라고 강조했다.

같은 연결의 핵심이 정서에 기반해 공감대를 형성하는 것이라면 다른 연결의 핵심은 낯선 것으로 눈을 돌려 색다른 생각과 시선을 내게 이식하는 데 있다. 이전까지와는 다른 눈으로 바라보고 다른 방식으로 생각하다보면 전혀 다른 결과물, 즉 창의와 혁신이 가능해지는 것이다.

앞서 살펴봤듯 우리는 모든 것이 연결된 과잉 연결 시대를 살고 있다. 이제 연결 자체는 어려운 일이 아니다. 마음만 먹는다면 지금 당장 저 먼 아프리카에 있는 사람과도 연결을 시도할 수 있다. 그렇기에 이제 누구와 어떻게 연결하느냐의 문제가 더욱 중요해진다. 여기서는 그것을 같은 연결과 다른 연결로 나눠 설명했지만 사실 이런 구분은 별 의미 없다. 연결의 수와 방법은 너무 많고 다양해서 몇 가지로 압축할 수 없는 까닭이다. 핵심은 연결이 일어나는 과정과 그것이 가져오는 거대한 에너지를 이해하는 것, 그리고 연결을 통해 에너지를 촉발하려는 자세다.

「땅 끝에서 온 사나이The Man From Earth」라는 영화가 있다. 인간과 삶을 완전히 다시 생각하게 만드는 영화다. 특히 일, 관계, 그리고 세상의 중심에 서기 위해 부단히 달려가는 사람일수록 감동이 클 것이다. 이 영화의 핵심은 하나의 질문이다. 만약 내가 1만 4,000년 전부터 생을 시작해 영원히 살아간다면, 그리고 삶을 부단히 노력하고 받아들이려고 애쓰는 사람이었다면 엄청난 시간 동안 쌓인 경험과 지혜, 노하우, 통찰력은 어느 누구보다 뛰어나지 않을까? 그리고 이를 바탕으로 세상 사람들의 중심에 서는 존재가 될 수 있지 않을까?

어떻게 생각하는가? 영화는 이 질문에 관한 놀라운 통찰을 들려준다. 영화는 불사병不死病에 걸려 무려 1만 4,000년을 살아온 남자와 친구들과의 대화를 다루고 있다. 그는 크로마뇽 인으로 삶을 시작해 서른다섯 살 이후로 젊어지지도 늙지도 않는 영생의 존재로 살아간다. 때문에 지구상의 수많은 지형적·기후적 변화와 종의 진화를 경험했고, 시대의 크고 작은 사건들을 직접 겪었다. 고흐는 그의 친구였고, 콜럼부스와 함께 아메리카 대륙을 발견했다. 만약 당신이 불로영생한다면 어떤 느낌이겠는가. 대륙이 변하고, 기후가 바뀌고, 지금은 바다로 덮여 있는 대륙이 한때는 붙어 있었거나 수면 위로 올라 있어 그곳을 건너갔던 기억들, 위대한 그리스 철학자들과의 조우, 부처 그리고 예수와의 만남, 수많은 역사적·과학적 발견의 순간들, 전쟁의 경험들…. 이런 경험의 기억들이 고스란히 남아 있다면? 영화에는 수많은 담론이 등장하지만 주인공의 시각에서 가장 중요한 핵심 세 가지는 다음과 같다.

■ 과거에 대한 기억 : 축척된 과거의 기억? 미안하지만 과거에 대한 기억은 그저 희미하게 흔적만 남아 있거나 아예 없다. 내가 어렸을 때 살았던 동네에 새 건물이 들어서고 도로가 닦인다고 생각해보라. 한동안은 옛날에 살았던 곳의 기억을 떠올릴지 모른다. 그러나 결국 그 기억은 새로운 기억으로 지워지고 만다. 시간이 더 지나면 아무리 애써도 과거의 모습은 떠오르지 않는다. 한순간의 강렬한 기억조차 팩트로만 남았을 뿐이다. 고흐와 친구였고 부처를 만났다는 사실들은 계속 기억으로서 가치가 있어 마음속에 남아 있다.

■ 사랑하는 사람과의 관계 : 언젠가는 내가 사랑하던 사람과 자녀들을 떠나보내야 한다. 결국은 늙어 죽게 마련이고, 새로운 사람과의 관계도 필연적으로 떠나보낼 수밖에 없다. 나는 사랑을 믿지 않는다. 그러나 좋아하거나 끌리는 마음이 없는 것은 아니다. 한번 느끼면 떨쳐낼 수 없으니까. 이것들은 삶 속에서 언제나 찾아온다. 단지 사랑에 영원 따위란 존재하지 않는다. 그저 지금 이 순간의 감정에 충실할 수밖에 없다. 그 이상도 이하도 아닌, 부질없는 바람일 뿐이다.

■ 축적된 지식이나 지혜에 관해 : 한때 교수로서 연구를 했고 학생을 가르쳤다. 과학적 발견을 위해 많은 시간을 연구와 공부에 할애한 적도 있다. 그러나 결과적으로 현재 보통 사람과 별반 다르지 않은 수준의 지식과 지혜밖에 없다. 왜? 아무리 공부하고 연구해도 결국 쓸모없는 지식이 돼버리고 말기 때문이다. 새로 발견되는 지식의 극소수만 접할 뿐이다. 지구 곳곳에서 새로운 지식들이 속속 발견된다. 그러나 과학이나 이동수단, 통신이 발달하지 않은 과거일수록 나는 내가 머무는 곳에서 발견되

는 지식만을 접했을 뿐이다. 반대로 과학기술이 발달할수록 동시대의 변화를 따라잡기가 더 어렵다. 내가 아무리 노력해도 현 세대의 지식을 따라잡을 수 없다. 내가 똑똑한 만큼 남들도 똑똑하다는 사실만 발견할 뿐이다. 지구가 평평하다고 믿었던 시대의 지식이 과연 지구가 둥글다는 것을 다 아는 시대에 무슨 소용이겠는가. 삶의 지혜도 마찬가지다. 21세기 첨단의 시대에조차 사람들은 새로운 삶의 깨달음을 발견하고 이해하고 있다. 14,000년이 지난 이 순간에서조차. 결국 나는 현 시대를 앞서갈 수 없었다. 내가 더 많은 지식을 축적하려 애쓰기보다 더 많은 사람들을 만나 그들의 경험과 지혜를 연결하는 것이 더 가치가 있었다.

어떤가. 아무리 오래 산다 하더라도 가장 최신 기억의 스냅샷만 가지고 살 뿐이다. 기억은 결국 새로운 것들로 중복 기록되고 과거의 기억은 흔적만 남거나 그마저도 덧쓰여 지워지고 만다. 세상에서 가장 사랑한 사람의 죽음조차 평생 잊히지 않을 기억의 공간으로 남을 것 같지만, 결국에는 그마저도 희미하게 흔적만 남지 않던가.

오직 내 생각과 마음이, 지식과 지혜가 머무르는 곳은 그저 지금 이 순간 그 자체일 뿐이다. 이 영화에서 예수와 부처가 그리고 신이 우리에게 남기고자 했던 궁극의 말은 바로 "삶의 장소는 여기라는 것, 바로 지금 여기, 이 순간"이다. 지나간 일에 집착하지 말고, 다가오지 않은 미래를 너무 의식하지 말며, 지금 내가 살아가는 이 공간에 충실하고 열심히 사랑하며 살자는 것이다. 그저 있는 그대로 물 흐르듯이 내 생각과 의식을 보내주는 것이 필요하다. 그리고 나 혼자 아무리 가치 있는 정보

■ 리처드 쉔트만 감독의 영화 「땅 끝에서 온 사나이」는 생에 대한 통찰과 연결의 중요성을 일깨운다. 국내에는 「맨 프럼 어스」라는 제목으로 개봉됐다.

를 붙잡으려 애써도, 설사 붙잡았다 하더라도 그것은 한낱 일시적인 것에 불과하며 유사한 생각을 가진 다른 사람들의 발견에 희석되고 만다. 오히려 내 것을 사람들과 적극적으로 나누고 확산시켜 더 큰 가치를 만들어내는 것이 현명하다는 이야기다. 결국 영생의 사나이를 통해 우리는 다시 한 번 연결의 중요성을 깨닫는다.

Chapter 7

어떻게 소통할 것인가

: 두 번째 C, 채널

2006년 텍사스 오스틴에서 벌어진 대규모 복합 축제 SXSW에 참석한 2만 명은 난데없이 등장한 그룹 문자 메시지 서비스의 위력에 깜짝 놀랐다. 이것이 자신들의 삶에 어떤 변화를 가져올지 아무도 상상하지 못했다. 인류 사상 최대의 커뮤니케이션 혁명인 트위터는 그렇게 출발했다.

기존 블로그는 구독하거나 직접 찾아가야지만 볼 수 있었다. 반면 트위터는 인터넷 어딘가에 사람들이 방문해주기를 기다리고 있었던 정보를 갑자기 집어 들어 지인들에게 마구 던지는 식이었다. 트위터는 방송하는 매체적 성격과 메시지를 전하는 이의 이야기를 구독하는 팔로잉 구조, 그리고 사람들과의 관계에 기반한 소셜 네트워크 방식 등을 복합적으로 갖고 있었다. 사람들은 트위터를 통해 정보를 마구 집어던지기 시작했고 폭탄이 터지듯 지인들 사이에 한꺼번에 확산됐다. 결국 트위터는 사람들을 더 시끄럽게 만들었다. 이를 반증하듯 매일 130억 개가 넘는 메시지들이 트위터를 떠돌아다닌다. 트위터는 기존 미디어는 물론, 블로그와도 전혀 다른 차원의 새로운 채널이었다.

무엇보다 트위터 메시지는 사실에 더해 글쓴이의 감정이 실린 이야기라는 점에서 막강한 폭발력을 지녔다. 거듭 강조하지만 감정은 전염성이 대단히 강하다. 누군가의 감정을 접하게 되면 사람들은 그에게 쉽게 동화되며 공감을 표하고 싶은 욕구를 느낀다. 잠시 일상을 되돌아보자. 하루하루를 살아가면서, 어쩌면 이 순간에도 우리는 끊임없이 스스로에게 묻곤 한다.

'왜 살까? 사는 게 무슨 의미가 있을까?'

공허함. 대학교에 가면 모든 고민이 단번에 날아갈 것 같았던 고등학생 시절이 있었다. 직장에 취직하면 경제적·정신적으로 여유로운 삶이 펼쳐질 줄 알았다. 사랑하는 사람을 만나면 마음속 깊은 외로움이 행복과 설렘으로 가득 찰 줄 알았다. 그러나 그것은 모두 여행을 떠나기 전 여행자가 품는 기대와 여행지에 도착한 뒤의 깨달음 같다는 것을 알게 됐다. 목적지에 도달할 때까지의 지루하고 힘든 과정을 겪어야 하고, 도착한 뒤에는 잡지 속 사진에는 담기지 못했던 현실들이 존재한다는 사실을 발견하게 되니 말이다. 베스트셀러 《목적이 이끄는 삶The Purpose-Driven Life》의 저자이자 목사인 릭 워렌Rick Warren은 삶의 공허함을 질병에 빗대 설명한다.

"제 생각에 영적인 공허함은 온 우주에 퍼진 질병 같습니다. 삶의 어느 순간이 되면, 베개를 베고 누워서, 마음속으로 이런 생각을 하죠. 아침에 일어나서 일하러 나가고, 집으로 돌아와서 TV를 보고, 잠자리에 들었다, 아침에 일어나서 일하러 나가고, 집으로 돌아와서 TV를 보고, 잠자리에 들고, 주말에는 파티에 가고. 많은 사람들이 '나에게는 삶이 있다' 라고 하지만 그건 사는 게 아니라 단순히 존재하는 것입니다."

릭에 따르면 누구든 마음속 깊은 곳에는 존재의 의미를 찾고자 하는 욕구가 존재한다. 내가 왜 이 땅에 존재하는지, 나는 세상에 어떤 의미인지, 나를 이끄는 것이 무엇인지에 대해 늘 답을 찾아다니는 것이다. '그래 알아, 내 상황이 아주 나쁘지 않다는 걸. 하지만 나는 왜 만족하지 못할까', '사람들은 진짜 나에 대해 잘 몰라. 사람들에게 보이는 내 모습은 가짜야' 등등. 스스로에 대한 회의, 공허감 등과 수시로 마주한다. 반면 그래서는 안 될 것 같은 느낌 때문에 아이러니하게도 우리는 자기도 모르는 사이 스스로를 있어 보이게 꾸민다. 남들이 자신을 어떻게 생각하는지에 대해 끊임없이 자각하고, 실제 모습보다 더 나은 모습으로 보이려고 애쓴다.

이런 공허감에서 벗어나게 해줄 방법이 있다면, 내 존재 가치를 입증해줄 수단이 있다면, 나와 깊이 공감하고 마음을 나눌 사람을 만날 수 있다면, 아마 누구라도 앞뒤 재지 않고 달려들 것이다. 그렇기에 모든 연결은 정서를 기반으로 할 때 에너지가 팽창한다. 그리고 이러한 에너지를 담는 공간인 채널 역시 정서를 포함할 때 더욱 어마어마한 에너지를 만들어낸다. 채널이란 사람들을 모으고, 그들이 이야기를 나누게 하며, 종국에는 뜻을 같이하게 만드는 매개를 뜻한다. 트위터는 정보에 더해 정서를 담은 채널이고, 그렇기에 무서운 힘을 발휘한다.

앞서 살펴본 레드 햇 소사이어티도 결국 트위터 시대를 만나면서 새로운 국면으로 접어들었다. 사실 비영어권 사람들이 레드 햇 소사이어티를 발견하기는 쉽지 않았다. 하지만 트위터를 통해 지인이 던진 레드 햇 소사이어티라는 폭탄은 홍콩, 일본, 대만, 남아프리카에 있던 누군가에게까지 파편이 닿았다. 지인이 공유한 그들의 사진에 매료되고, 단체의 의미에 감탄하고, 그것이 담고 있는 느낌에 동화된 한 일본 여성은 '우아, 우리나라에도 이게 필요해!' 라고 생각해 즉시 자신의 트위터에 공유한다. 그러면 그녀에게 연결돼 있던 많은 사람들이 '우리도 하자' 며 모여들고 마침내 일본 지부가 탄생하기에 이른다.

레드 햇 소사이어티는 현재 미국을 제외한 30개국으로까지 확산됐다. 이제 이들은 지부의 숫자 대신 몇 개국으로 확산됐는지를 말한다. 동시에 전 세계 소사이어티 차원에서 함께할 수 있는 일을 고민한다. 각국에 존재하는 지부는 소사이어티를 연결하는 채널이다.

이 부분에 놀라운 국면이 존재한다. 일본에 있는 여성들과 미국에 있는 여성들은 그 동안 서로의 존재를 인지하지 못하며 각자의 인생을 살았을 가능성이 대단히 높다. 그러나 발견 비용의 감소로 인해 결국 서로를 인지했고, 레드 햇 소사이어티가 지닌 감정을 공유하기 시작하면서 각자의 지부를 만들며 고유의 네트워크를 형성한다. 흥미로운 점은 그들이 앞으로도 만날 가능성이 없다는 것이다. 하지만 이들은 레드 햇 소사이어티라는 큰 정신적 연대로 하나가 된다. 내가 중심이 되는 조직화되지 않은 조직, 그러나 동시에 거대한 하나의 정신적 생명체를 형성하며 거대한 에너지를 만들어내는 것. 레드 햇 소사이어티는 느슨하기 짝이 없는, 제대로 된 중심도 규율도 없는 이 단순한 모임이 담길 수 있는 채널을 만들어냄으로써 전 지구적 규모의 단체로 부상할 수 있었다.

오바마의 비밀 병기 "Yes We can"

2008년 오바마의 미국 대통령 당선은 '흑인 대통령' 보다 '네트워크 대통령' 의 탄생이라는 점에서 더 의미 있었다. 오바마 진영의 선거 전략 핵심이 블로그, 페이스북, 트위터 등 소셜 네트워크를 이용한 유권자들의 물결 효과였기 때문이다. 보다 자세히 말하면 오바마는 채널에 정서를 담고자 부단히 애를 썼다. 정서의 물결 효과를 기대한 것이다.

잔잔한 물에 돌을 던지면 파문이 퍼져 나간다. 파문은 처음에는 작은 동심원으로 시작하지만 곧 주위와 공명을 일으키면서 순식간에 크게 퍼져 나간다. 오바마는 바로 이 원리, 즉 물결 효과를 이용했다. 그는 선거 기간 내내 자신의 일상을 담은 사진들을 플리커에 올렸고, 이 사진들은 지지자들을 통해 트위터 등으로 전파됐다. 휴식을 취하며 블랙베리로 메일을 확인하는 사진, 대선 결과를 기다리며 초초해하는 모습, 아내와 기차에서 다정하게 기댄 모습 등 그의 일거수일투족이 생생하게 전파됐다. 그리고 사람들은 오바마와 정서를 교류한다고 느꼈다. 그가 무척이나 친근하게 여겨졌고, 그와 공감대가 형성됐다고 생각하기도 했다. 매케인John McCain 진영은 오바마가 채널에 정서를 흘려 내보낸다는 사실을 깨닫지 못했다. 오바마가 13만 명의 팔로워를 확보하는 동안 매케인은 단지 5,000명 정도와 관계를 맺었다.

결국 오바마가 승리했다. 매케인 진영이 정서를 담은 채널의 위력을 간과한 결과였다. 오바마는 대통령 당선을 확인하고 기쁨에 휩싸였지만, 문득 지금껏 자신이 겪은 일들을 되돌아본다. 불가능, 정말 불가능한 일이었다. 그런데 어떻게 가능했을까? 그는 소셜 네트워크 상에서 살아 숨 쉬는 유권자들을 바라본다. 그와 연결돼 있는 미국 국민들이 마치 눈앞에 있는 듯 생생하게 느껴진다. 그는 곧 블랙베리를 꺼내 트위터에 메시지를 남긴다.

"우리는 역사를 만들었다. 지금 일어난 모든 것은 여러분이 주신 시간과 재능과 그리고 열정 덕분이다. 이 모든 것은 바로 여러분 때문이었다. 고맙다. 2008년 11월 6일, 오전 4시 34분."

그의 메시지는 지극히 정서적이었다. 반응은 당신이 예상한 대로다. 그의 메시지는 또 한 번 유권자뿐 아니라 전 세계 사람들에게 퍼져나갔다.

1년 뒤, 오바마는 미국의 100년 숙원이던 건강보험법을 마찬가지 방법으로 통과시키려 했다. 미국은 세계 최강국의 면모를 자랑함에도 불구하고 국민의료보험에서만큼은 안타깝다는 평가를 들을 정도로 제대로 된 의료 서비스를 제공하지 못했다. 미국 인구의 10퍼센트에 해당하는 400만 명이 비싼 보험료를 내지 못해 의료 혜택을 받지 못하는 실정이었다. 원인은 의료 관련 대기업들 때문이라고 해도 무방했다. 각종 약제를 포함한 의료 서비스를 제공하는 회사들과 의료보험 회사들이 막대한 돈을 들여 워싱턴 정가를 움직이기 때문이었다. 새삼스러운 일이 아닐 정도로 많은 사람들이 아는 사실이다. 관련 기업들은 워싱턴 정치

■ 2008년 오바마의 대통령 당선은 '네트워크 대통령'의 탄생이라는 역사적 사건으로 기록됐다. 그의 "Yes We can" 한 마디는 미국 국민의 마음을 사로잡았다.

인들의 제1스폰서이자 지지 기반 그 자체다. 그러다보니 정치인들은 기업들의 영향력에서 자유롭지 못했다. 하지만 오바마는 일반 국민에 의해 당선된 대통령이었다. 건강보험에 관한 선거 공약도 있었지만 자신의 정치적 입지를 다지기 위해서라도 반드시 건강보험 개혁안을 상원에 통과시켜야 했다.

결국 오바마는 역사적 사건을 만들어냈다. 미국 땅에 살아가는 수많은 이들의 염원을 담아 마침내 국민을 위한 건강보험법을 통과시켰다. 건강보험 개혁 입법으로 미국은 앞으로 10년 동안 9,400억 달러를 투입해 3,200만 명을 건강보험에 추가 가입하게 됐다. 전 국민 건강보험 시대로 진입하게 된 것이다.

100년 동안 누구도 해내지 못한 일을 오바마는 어떻게 실현할 수 있었을까? 비결은 바로 그의 "Yes We Can"의 정서였다. 오바마는 자신의 정치적 입지만으로는 의원들의 법안 통과를 얻어내기 어렵다는 사실을 잘 알았다. 그들을 움직일 수 있는 것은 오직 유권자뿐이었다. 시민들은 국회의원 선거권을 갖고 있기 때문이다. 그렇다면 유권자를 움직이게 만들어야 했다. 오바마는 공식 홈페이지◆를 통해 자신의 의료 개혁 법안을 설명했고, 우측에는 '이제 의료 개혁을 할 시기가 왔다'며 참여를 호소했다. 그리고 자신이 사는 지역의 상원의원에게 의료법을 개혁하라고 트윗 메시지를 날릴 수 있도록 하는 기능과 페이스북에 의료 개혁법의 필요성을 역설하는 글을 올리도록 하는 기능을 제공했다. 이것이 유명한 '상원의원에게 트윗을'이라는 캠페인이다.

■ 오바마 대통령은 보건의료 개혁 법안을 통과시키기 위해 국민의 뜻을 하나로 모을 수 있는 채널을 만들어 '상원의원에게 트윗을' 캠페인을 폈다.

홈페이지에 접속한 사람이 자기가 사는 지역을 지정하면 해당 지역 상원의원의 트위터 주소를 알려주고 그에게 건강보험법을 통과시켜달라는 메시지를 보낼 수 있었다. 하지만 그냥 메시지를 보내라고 하면 어떤 내용을 써야 할지 막연할 수 있다. 채널에 메시지를 흘려보낼 수 있는 동인이 필요했다. 그래서 상원의원에게 호소하는 다른 이들의 메시지를 구글 지도에 표시해 쉽게 볼 수 있도록 만들었다. 사람들은 '아하, 다른 사람들은 저렇게 보냈군!' 하고 자신도 유사한 메시지를 작성하기 시작했다. 수많은 사람들이 트위터와 페이스북을 이용해 의료 개혁을

◆ http://www.barackobama.com

부르짖었다. 이 과정에서 오바마를 팔로잉한 사람의 수는 무려 240만 명을 넘어섰다.

그리고 얼마 뒤 미 상원 재무위원회는 2009년 10월 13일, 보건의료 개혁 법안을 표결에 부쳤다. 결과는 찬성 14표, 반대 9표. 보건의료 개혁안이 연방 상원위원회를 통과하는 쾌거였다. 하원에서도 과반보다 불과 세 표를 더 받아 통과했고, 상원 법안에서 만들었던 일부 주에만 특별 혜택을 주는 내용 등을 삭제한 수정 법안도 찬성 220표, 반대 211표로 통과됐다. 수십 년 동안 계속해서 악화되기만 했던 난공불락의 의료법을 미국 국민들이 오바마와 함께 바꿨다는 점에서 역사적인 이정표로 평가받는다.

오바마 정부는 채널의 힘을 알았다. 사람들의 뜻을 하나로 모으고 그것을 다시 확산시키기 위해 무엇이 필요한지 잘 알았다. 사람들이 모일 수 있는 채널을 만듦으로써 거대한 에너지를 형성할 수 있음을 이해했던 것이다. 특히 그 채널에 정서가 실릴 때의 파급력을 간파했던 것이 주효했다. '우리는 할 수 있다'라는 오바마의 외침은 많은 사람들의 마음을 파고들었고, 100년 동안 요지부동했던 법안도 '우리'가 바꿀 수 있다는 동기를 부여했다. 그 결과 계란으로 바위 치기 같은 무모한 도전에 사람들은 열과 성을 다했다. 사람들이 모일 채널이 있었고, 거기에 정서가 흘렀기 때문이다.

정치판에 불어 닥친 지각 변동, 솔리틱스

정서를 기반으로 한 채널은 앞으로 정치판에 더욱 급격한 변화를 가져올 것으로 전망된다. 클레이 서키 교수는 기술의 변화 자체보다 기술이 인프라로 자리 잡으면서 변화하는 개인과 집단의 행동 패턴에 큰 관심을 가졌는데, 특히 정치에 주목해야 한다고 지적했다. 세계적으로 2012년은 그 어느 해보다 많은 국가에서 총선과 대선을 치르기 때문이다. 그는 미국과 한국의 대선을 특히 주목하는데, 과거 진보 대 보수의 대결과는 확연하게 다른 양상이 펼쳐질 것이라고 전망한다. 그 이유는 바로 양측 진영이 모두 소셜 테크놀로지로 무장하고 격돌한다는 특징 때문이다.

보통 진보진영이 기술의 변화를 적극적으로 수용해 이를 선거 전략에 활용하며 상대를 공격하는 양상이 지배적이었으나, 이제는 양쪽 진영 모두 기술과 전략에 있어 새로운 옷을 갈아입고 전면전에 나설 전망이다. 특히 주목할 점은 상대편의 비방도 비방이겠지만, 자신이 지지하는 진영의 정책과 이념을 퍼뜨리는 쪽에 더욱 무게 중심이 기울 것이라는 사실이다. 나는 이러한 양상의 시민 정치화를 소셜 폴리틱스, 즉 솔리틱스Solitics로 정의하고자 한다. 소셜은 곧 민심 그룹이고, 솔리틱스는 정당 중심의 정치 경쟁이 아니라 민심 그룹 간의 경쟁으로 간다는 의미다. 실제로 박원순 시장의 서울시장 후보 경선 과정을 되돌아보면 이미 솔리틱스가 막강한 힘을 발휘하고 있음을 알 수 있다. '당신이 아니라 민심이다' 라는 말이 회자되는 것도 바로 이 부분을 뒷받침하는 증거다.

한편 스마트폰의 보급이 일반화되고, 이에 맞춰 『나는 꼼수다』와 같은 파격적인 형식의 정치평론 방송이 팟캐스트를 통해 전파되면서 삽시간에 킬러 콘텐츠로서 위력을 떨쳤다. 안철수 서울대학교 융합과학기술대학원장, 박경철 안동신세계연합클리닉 원장도 마찬가지다. 그들의 행보가 SNS를 통해 실시간으로 전파되면서 기존 정당정치의 구조를 삽시간에 뒤흔들어버렸다. 대중이 정치를, 사회를 아무리 바꾸려 해도 소용 없는 이유는 기득권층이 그 '구조를 장악' 하고 있기 때문이다. 하지만 솔리틱스라는 새로운 구조가 일어섰고 참여하는 사람의 수가 일정 임계치를 벗어나면서 '많아지면 달라진다 More is Different' 를 실현하기에 이르렀다. 이제 기존의 정치가 새로운 구조에 압박당하는 상황이 연출된 것이다. 이러한 현상은 일시적인 것으로 보기 어려운 상황이 됐다고 평가받고 있다.

오바마는 소셜미디어 전략을 성공적으로 이끌어 대통령으로 당선됐다. 소셜미디어 전략의 핵심은 바텀업 bottom-up 방식이다. 즉, 톱다운 top-down 방식으로 메시지나 지령을 내려 보내는 게 아니라 바닥에서의 다양한 사람들의 에너지를 창발시키는 데 핵심이 있기 때문에 사람들의 에너지 집결이 선거 주요 전략으로는 이상적이었다. 그러나 오바마는 집권 후 건강보험법 입법을 제외하고는 국정 운영에 소셜미디어 전략을 제대로 적용하지 못했다. 반면 극우 세력으로 유명한 티 파티 Tea Party 가 소셜미디어를 적극적으로 활용할 뿐 아니라 바텀업 방식의 혁신적 소통을 시도하며 차기 대선의 뜨거운 감자로 부상했다. 최근 샤론 앵글을 포함한 여성 대권주자들이 주목받는 이유는 여성으로서의 장점보다 아래로부터의 소셜미디어 전략이 만들어내는 힘에 있었다.

더하면 세진다

사람들을 모이게 하고, 그들을 연결시키는 채널이 만들어지면 그 속에서 또 다른 C가 발생한다. 협력Collaboration의 첫 글자 C가 그것이다. 어찌 보면 당연한 이치다. 누군가와 협력하기 위해서는 일단 그와 직 · 간접적으로 만나야 하니까 말이다. 만난다고 무조건 협력이 일어나는 것은 아니지만 협력하기 위해서는 만나야 한다. 다시 말해 채널은 협력을 꽃피우기 위한 토양이라 할 수 있다. 이 토양에 생각 혹은 메시지라는 씨앗이 뿌려졌을 때, 정서라는 비료를 주면 협력이 싹 트는 것이다.

채널이 만들어낸 놀라운 협력의 대표 사례는 단연 위키피디아Wikipedia다. 위키피디아는 무려 250개가 넘는 언어로 서비스되고, 1억 개를 육박하는 정의가 등록돼 있으며, 하루에만 10만여 개의 내용이 수정되거나 추가되는 세계 최대 규모의 백과사전이다. 무엇보다 놀라운 사실은 16만 명이라는 거대한 규모의 참여자들이 '자발적으로' 달려들어 내용을 편집한다는 것이다.

일반적으로 협력은 구성원이 많아지면 소통 비용이 상승해 생산성이 약화되는 것이 기정사실이다. 그러나 의사결정이나 승인의 환경이 아닌 지지와 참여를 담아내는 자발적 에너지의 환경은 복잡성이 오히려 자원이 된다. 마음대로 움직이도록 허용된 환경에서는 활동들이 기하급수적으로 늘어난다. 물리학자 필립 앤더슨Philip Anderson의 유명한 말처럼 '많아지면 달라진다'의 세계가 펼쳐지는 것이다.

영어 버전의 경우 한 달에 무려 360만 개의 글이 갱신되고 있고, 하루에 10만 개 이상의 글이 수정된다. 인류가 지금까지 한 번도 경험해보지 못했던 전 지구적인 협력의 현장인 것이다. 하지만 더욱 중요한 점은 위키피디아에 대한 개개인의 공헌도다. 위키피디아에 참여하는 사람들은 과연 어느 정도의 시간과 노력을 투자할까. 한 사람은 그저 한 번 또는 열 번만 갱신할 뿐이다. 참여자의 50퍼센트 정도는 평생 위키피디아에 있는 단어의 정의에 한 번 정도 참여한다. 즉 작은 참여가 엄청난 협

Edits	Wikipedians		Edits total	
1	4,052,024	100.0%	197,256,398	100.0%
3	1,631,528	40.3%	193,366,345	98.0%
10	783,809	19.3%	188,506,443	95.6%
32	305,495	7.5%	180,459,083	91.5%
100	123,153	3.0%	170,612,883	86.5%
316	53,080	1.3%	158,605,778	80.4%
1000	23,680	0.6%	142,349,287	72.2%
3162	9,734	0.2%	117,975,812	59.8%
10000	3,033	0.1%	81,220,787	41.2%
31623	632	0.0%	41,128,444	20.9%
100000	68	0.0%	12,747,645	6.5%
316228	8	0.0%	4,149,049	2.1%

■ 위키피디언의 콘텐츠 편집 참여도◆

◆ http://stats.wikimedia.org/EN/TablesWikipediaEN.htm

력으로 이어져 지구 최대 규모의 살아 있는 백과사전을 만들어낸 것이다. 사람들이 모일 수 있는 채널이 만들어졌기 때문에 아주 작은 참여만으로도 그것들이 모여 가공할 위력을 발휘한다고 할 수 있다.

협력의 위력은 비즈니스 현장에서도 확인된다. 사실 조직은 수많은 사람들의 협력과 노력에 의해서만 유지될 수 있다. 조직은 협력의 결집체라고 봐도 무방하다. 하지만 이 조직이 다른 조직과 만났을 때는 상황이 달라진다. 각각 협력으로 뭉치지만, 조직끼리는 경쟁관계를 형성한다. 많은 기업은 살아남기 위해 경쟁한다. 동일한 비즈니스에 많은 기업들이 몰려 있을 경우 흔히 레드오션Red Ocean에 있다고 하고, 새로운 분야나 비즈니스를 개척하는 기업들은 블루오션Blue Ocean에 있다고 한다. 출발 지점이 레드오션이든 블루오션이든 결과적으로 시장은 레드오션으로 이동한다. 그리고 레드오션으로의 이동은 과도한 경쟁, 출혈 마케팅, 무자비한 야근, 월화수목금금금의 업무 패턴 등을 야기한다.

지금껏 시장은 레드오션에서 살아남기 위한 경쟁의 패러다임이었다. 그런데 몇 년 전부터 협업 패러다임을 등에 업고 새로운 비즈니스들이 등장하고 있다. 예를 들어 한 기업이 제품이나 서비스를 팔고자 한다. 타깃이 되는 고객의 층은 다양하다. 그들의 욕구 또한 각양각색이다. 때문에 기업은 모든 잠재 고객의 니즈를 충족하는 제품을 만들 수는 없다. 그래서 '팔레토 법칙'에서 이야기하는 20:80 법칙을 활용하는 정책을 취한다. 비즈니스 관점에서의 팔레토는 20퍼센트의 특정 제품이 전체 이익의 80퍼센트를 차지한다는 이론이다. 다시 말해 핵심 역량을 최단기간 동안 소수의 제품에 집중하는 방식이다. 경쟁이 심해질수록 팔레

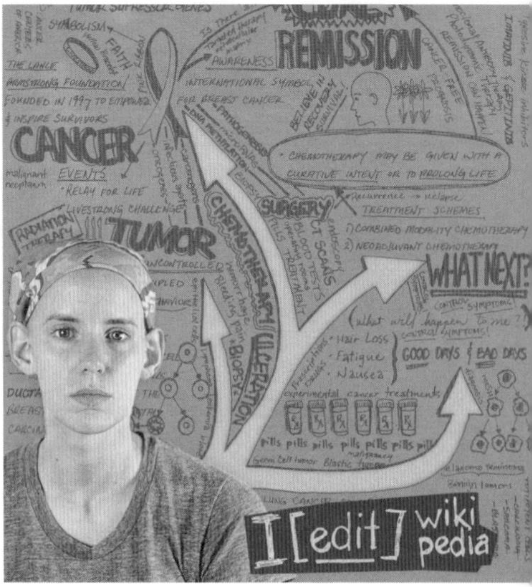

■ 협력의 위력을 증명하는 위키피디아 캠페인 잡지 광고. 다양한 사람들이 콘텐츠 편집에 자발적으로 참여한다는 특징이 잘 드러나 있다.◆

◆ http://www.flickr.com/photos/mikeeperez/

토 법칙으로 이익을 누릴 수 있는 기간도 짧아진다. 오늘날 대부분의 기업이 아주 빠른 주기로 물건을 팔아야 하고, 숨 돌릴 틈도 없이 새로운 제품 라인업을 내놓아야 하는 까닭이다.

하지만 인터넷 비즈니스가 오프라인 비즈니스의 규모를 능가하기 시작하면서 팔레토 법칙이 무너지는 상황이 발생했다. 기업들이 버려두었던 분야에서 발생하는 이익이 상위 20퍼센트에서 벌어들이는 수익보다 더 많아지는 현상이 벌어졌기 때문이다. 그동안 무시됐던 틈새상품이 중요해지는 새로운 경제 패러다임을 설명한 책 《롱테일 경제학The Long Tail》을 보면 사례들이 자세히 소개돼 있다. 몇 가지만 살펴보자.

- 미국의 메이저 온라인 쇼핑몰 아마존닷컴amazon.com의 수익 중 절반 이상은 경쟁사 반스앤드노블Barnes&Noble의 매장에는 진열조차 되지 않는 비주류이자 비인기 단행본과 희귀본에서 발생한다.
- 검색 엔진 구글의 절대 수익원은 익히 알다시피 광고다. 그런데 광고 주는 〈포춘〉 선정 500대 기업 같은 거대 기업들이 아닌 꽃 배달 업체나 제과점, 웨딩샵 같은 개미군단이다.
- 미국 빌보드 차트 50위권 이내의 음반 판매량은 전체 시장의 얼마를 차지할까. 20퍼센트도 되지 않는다.

그간 버려뒀던 틈새시장은 삼성이나 LG, 현대 같은 제조기업들조차 무시하지 못할 정도의 위력을 갖게 됐다. 피 터지게 싸우는 20퍼센트의 공간도 계속 지켜내야 하지만, 이제는 롱테일의 영역도 잡아야 하는 상황이 도래한 것이다. 어떻게 해야 할까. 저 다양한 욕구의 소비자들을 무슨 수로 끌어들일까. 무작정 소수의 사람들을 위한 제품을 만들어낼 수도 없는 노릇인데 말이다.

이와 관련해 클레이 서키 교수는 명쾌한 해법을 제시한다. 그가 이야기하는 협업 모델의 핵심은 '고객이 완성시켜주는 서비스 제품'이다. 즉 고객이 참여할 수 있는 채널을 만들고, 고객이 협력하도록 만들라는 것이다. 아니, 머리를 싸매고 고민해 고객을 만족시켜도 모자랄 판에 고객에게 오히려 일을 떠밀다니, 무슨 말인가 싶은 사람이 있을지 모르겠다. 하지만 고객과의 협업은 상상 이상의 결과물을 만들어내왔다.

레고LEGO의 경우만 봐도 알 수 있다. 1998년 레고는 지능형 로봇 블록 장난감인 '마인드스톰'을 출시했다. 우리가 보통 가지고 놀았던 플라스틱 장난감을 생각하면 안 된다. 당시는 혁신에 가까웠던 이 제품은 완전한 두뇌 기능을 가진 변신 로봇이었다. 중앙 컨트롤러 역할을 하는 인텔리전트 브릭Intelligent Brick과 초음파 사운드 센서, 빛 센서, 감지 센서, 여러 가지 모터로 구성됐는데, 부품 수만 무려 519개에 달했다.

흥미로운 사실은 마인드스톰이 전형적인 협업 모델로 성공한 케이스라는 데 있다. 사실 처음 마인드스톰의 비즈니스 모델은 이런 게 아니었다. 야심차게 내놓은 마인드스톰이 얼마 지나지 않아 해킹되고 만다. 몇몇 해커들이 프로그램을 마음대로 고친 뒤 레고에서 의도하지 않은 형태의 로봇을 만들어 서로 자랑하면서 놀고 있었던 것이다. 처음 레고는 이들에 대한 소송을 고려했지만 이내 역발상을 끌어냈다. 바로 '해킹할 권리Right to Hack'를 사용자에게 부여해버린 것이다. 덕분에 누구나 프로그램을 마음대로 수정할 수 있고 자유롭게 레고 마인드스톰 커뮤니티에 공개할 수 있게 됐다. 소수의 개발자가 주도하는 방식이 아닌 사용자가 직접 개발에 참여하는 협업 방식을 통해 마인드스톰의 기능은 엄청나게 다양하고 정교해질 수 있었다.

사진 검색 서비스 플리커도 협업의 대표적인 성공 사례다. 플리커는 접속하는 매 순간 3,000개 정도의 사진들이 업로드된다. 이 많은 사진들 속에서 내가 원하는 사진들을 어떻게 찾을까. 제목이나 본문을 검색해서 찾을 수 있다. 하지만 특정 카테고리의 이미지들을 찾고 싶을 때는 어떻게 해야 할까. 수억 개의 페이지, 수천만 개의 이미지들을 어떻게 분류할 수 있을까. 기존의 방법은 두 가지였다. 첫째, 나름의 알고리즘을 만들어서 프로그램이 자동적으로 분류하도록 할 수 있다. 둘째, 서비스 제공자가 수작업으로 페이지와 이미지들을 분류할 수도 있다. 문제는 어느 쪽도 만족스러운 검색 결과를 제공할 수 없다는 점이었다. 플리커는 영리하게도 여기에 협업 모델을 도입했다.

플리커에 들어가보면 각 이미지에 태깅이 된 것을 발견할 수 있다. 태깅은 글이나 이미지에 대한 설명을 달아두는 것이다. 대부분 단어의 조합으로 이루어지는데, 예를 들어 발 관련 이미지에 '발, 발가락, 발톱, 매니큐어' 같은 관련 단어들을 붙이는 것이다. 이런 태그들 덕분에 플리커에서 어떤 단어를 갖고 이미지를 검색했을 때 적중률이 높아졌는데, 이는 모두 서비스 이용자가 이미지를 등록할 때 입력한 정보들이다. 즉 플리커는 이용자들을 적극 참여시킴으로써 검색 서비스의 품질을 높였다.

■ TED 글로벌 2012 현장. 갈수록 협력이 더욱 중요해지리라는 데 참가자 대부분이 공감했다.

즉 오늘날 비즈니스에서 협업은 회사와 회사가 아니라 회사와 고객 사이에서 발생한다. 또한 단순히 회사의 제품이나 서비스를 개발하는 데 있어 고객의 의견을 적극적으로 청취하는 수준이 아니라 아예 고객이 제품을 개발해주거나 완성도를 높여주는 방식으로 이뤄진다. 그리고 여기서 다시 한 번 채널의 중요성이 대두된다. 고객을 참여시키려면 그들을 수용할 수 있는 플랫폼, 즉 채널이 필요한 것이다. 이것이 바로 다가오는 변화의 패러다임이다. 이를 적극적으로 수용한다면 굉장한 혁신을 이끌어낼 뿐 아니라 지속적으로 고객의 사랑을 받을 수 있을 것이다. 많아지면 달라지고, 더하면 세진다.

Chapter 8

모든 것을 압도하는 더 강력한 C들

: 큐리어시티, 컴패션

살면서 우리는 수많은 선택을 내린다. 작게는 오늘 저녁 무엇을 먹을지부터 크게는 어떤 회사에 들어갈지, 누구와 결혼할지 같은 문제까지, 인생은 선택의 연속이다. 하지만 아무리 많이 해도 선택은 늘 어렵다. 특히 틀린 생각, 틀린 선택을 내리는 데 공포를 느낀다. 선택하기 전에는 틀리지 않기 위해 엄청나게 고민하고, 이후에는 선택이 틀리지 않았음을 자기 자신에게는 물론 상대방에게도 납득시키는 데 많은 시간을 할애한다. '최선이었어', '어쩔 수 없었어' 라는 말을 습관처럼 되풀이하면서.

선택을 보류하는 경우도 태반이다. 전형적인 예가 직장에 관한 불만이다. '내가 원하는 건 이게 아니야, 이건 말도 안 돼, 내 일을 시작해야 해.' 수없이 생각하고 다짐하면서도 새로운 도전을 감행하기보다 현재 직장에 있는 것이 훨씬 좋은 선택이라고 스스로 합리화하기도 한다. 그러면서 새로운 도전을 앞둔 사람에게는 "바깥은 찬바람이 부니 조심하라"는 당부를 아끼지 않는다. 틀린 선택을 할 경우 리스크가 너무 크다는 말도 덧붙이면서.

얼마든지 틀린 선택을 내릴 수 있다는 사실 자체에 대해서는 당연하게 받아들이면서 왜 정작 스스로는 틀리지 않기 위해 필요 이상으로 집착할까. 《Being Wrong》(국내 미출간)의 저자이자 저널리스트 캐서린 슐츠Kathryn Schulz는 교육에서 그 원인을 찾는다. 자신이 어렸을 때를 기억하지는 못하더라도 어린 아이들을 보면 '틀림의 분기점'을 쉽게 알아챌 수 있다. 아이들은 잘못하거나 실수하는 데 아무런 죄책감이나 불편함을 느끼지 않는다. 틀렸다는 것을 아는 순간 즉시 자신의 지식을 수정하기도 한다. 그러나 학교를 다니면서부터 양상은 달라진다. 주기적인 평가를 통해 아이들은 정답을 말해야만 하고, 틀렸을 경우에는 지적을 받으며 본인이 다른 사람들에 비해 열등하다는 것을 확인받게 된다. 더욱이 교육의 효과를 높이기 위한 체벌은 틀림에 대한 두려움을 극대화하는 데 그만이었다!

어렸을 때의 교육뿐 아니다. 사회적 가치 사슬도 마찬가지다. 소위 '사'자 직업들은 경제적 이익은 상관없다 하더라도 사회적 명성을 보장받는다. 교사는 말할 것도 없고 의사 · 변호사 · 검사 · 회계사 등은 그 자체만으로 위엄이 느껴진다. 공무원과 같은 '원'자 계열도 있다(아, 회사원은 제외해야겠지만 말이다).

가치 사슬의 상위를 차지하는 이런 직업들의 공통점은 '틀리면 안 된다' 이다. 캐서린은 틀리지 않음에 대한 집착의 진짜 문제는 '자신이 옳다는 확신을 가진다' 라는 점이라고 설명한다. 즉 사회적으로 정답을 강요하는 수준이 강하고 그것에 따른 가치 사슬의 확립이 강력할수록, 역으로 사람들은 자신의 행위는 옳은 선택임을 더욱 확신하는 경향이 생긴다는 것이다. 한마디로 자신은 옳고 상대는 틀리다는 생각을 한다는 것이다.

그러나 바야흐로 창조의 시대가 도래했다. 정답이 아니라 새로운 발견, 새로운 인사이트로 새로운 세상을 열어 보이는 것이 새로운 가치로 자리 잡는 시대로 접어들었다. 지금 일어나고 있는 소셜미디어를 포함한 스마트 혁명들은 이런 것과 무관하지 않다. 그래서 다시 생각해봐야 한다. 내가 옳다는 확신이 아니라, 내가 틀릴지도 모른다는 두려움이 아니라 '음, 모르겠는데? 내가 틀릴 수도 있겠는걸? 저 사람은 내 생각과 뭐가 다른 거지?' 라고 생각을 바꿔보는 것이다. 틀림을 인정하고 새로운 가치 사슬을 발견하는 일의 핵심은 바로 호기심이니 말이다.

MeWe의 세상은 '내가 중심이 되는 우리' 에 의해 움직인다. 이 세상에서는 누구나 나를 가장 많이 의식하게 되고, 모든 것이 내게 어떤 의미가 있는지를 중요하게 생각한다. 이런 시대에 우리 자신을 움직이는 동인은 무엇일까? 바로 호기심이다. 누가 시켜서가 아니라 내면에서 자연스럽게 흘러나오는 관심! 관심이 생기기 때문에 궁금하고, 궁금하기 때문에 그것의 이면을 바라보려 한다. 그래서 호기심은 그 자체로 열정이며, 창의성의 근원이다. 호기심을 품게 되면 그것을 해결하고자 노력한다. 집요하게 파헤치고 결과를 얻어내는 그 모든 행위가 열정이 아니고 무엇이겠는가. 무엇인가에 대한 깊은 생각과 다각도의 조명으로 탄생하는 새로운 생각이 창의가 아니고 또 무엇이겠는가.

호기심은 다니엘 핑크의 내적 동기와도 직결된다. 내가 잘하는 것, 내가 좋아하는 것, 그리고 의미 있다고 생각하는 것에 우리는 어떤 형태로든 기여하고자 애쓴다. 그리고 그런 내적 동기가 담길 수 있는 환경이 됐을 때, 우리는 에너지를 만들어내는 것이다.

사실 과학기술의 발전은 일면 일상과는 거리가 먼, 돈을 벌어내는 더 정교하고 효과적인 수단을 개발해내는 것으로 치부하기 쉽지만 그 이면을 들여다보면 호기심의 실현으로도 해석할 수 있다. 그리고 하나의 새로운 생각이 다른 생각들에 파문을 일으키고 상호작용을 함으로써 결국 변화의 속도를 빠르게 만들고, 발견 비용을 떨어뜨리는 효과를 만들어내는 것이다. 수학자 알렉산더 치아라스Alexander Tsiaras의 이야기도 그렇다. 그는 데이터 시각화Data Visualization 분야 전문가로, 즉 특정 종류의 데이터를 사람들이 직관적으로 이해할 수 있도록 가공하는 일을 한다. 최근에 그가 활동하고 있는 분야는 이른바 인체의 신비다.

정자와 난자가 서로 만나서 세포 분열을 시작하는 시기부터 태아가 만들어지는 과정을 새로운 인체 스캐닝 방법으로 놀랍도록 사실적이고 정교한 형태로 그려낸다. 알렉산더가 주목하는 것은 인간의 몸을 만드는 수학적 매커니즘의 마법이다. 각각의 신경세포가 어디로 가서 배치돼야 하는지는 각각의 유전자 구조 안에 기술돼 있을 텐데 혈관 세포만 해도 태어날 무렵이면 10만 킬로미터나 형성될 정도로 엄청난 양의 명령을 만들어낸다. 뇌는 더더욱 말할 것도 없다. 뇌의 주름이 보다 많은 정보를 보관할 수 있다는 것은 도대체 어떻게 어떤 지능으로 알게 됐을까. 알렉산더는 인체를 연구하면 할수록 그 근원의 경이로움에 몸을 떨 수밖에 없다고 말한다. 그리고 그것이 알렉산더를 지금의 여정으로까지 오게 만든 중요한 호기심의 원천이었다.

호기심은 우리를 미래로 나아가게 만드는 강력한 원동력이다. 그것이 무엇이 됐든, 어느 날 맺힌 하나의 동기는 우리의 삶을 그 전과 그 후로 구분하게 만들기까지 한다.

인도 타밀나두에서 발견한 기적

아이들은 참으로 호기심이 많은 존재다. 생존 본능이라고도 할 수 있을 만큼, 아이들은 세상에 태어나 만나는 모든 것에 대해 호기심과 경이로움을 품고, 그것이 무엇인지 알아내려고 부단히 애를 쓴다. 하지만 호기심만으로 무엇인가를 배우는 데 당연히 한계가 있다. 교육이 수반되지 않으면 아이들의 호기심은 그저 풀지 못한 궁금증으로 남을 수밖에 없다. 그렇다면 교육으로부터 완전히 고립된 아이들은 어떻게 해야 할까. 아프리카나 인도, 중국 등 세계 인구의 절대적인 비율을 차지하지만 워낙 가난해 하루에 한 끼를 먹는 것이 삶의 과제인 아이들은 어떻게 해야 배울 수 있을까. 걸어 다닐 수 있게 된 이후부터는 쓰레기장에서 고철을 주워오는 일이 하루의 일과가 된 아이들인데 말이다.

특히 인도의 가난은 정말 심각한 문제다. 인도의 인구는 전 세계 인구의 17퍼센트인 11억 명이 넘는다. 한국보다 무려 스물세 배나 많다. 특히 인도 인구의 절반은 25세 이하로, 그 수가 무려 5억 명에 달한다. 2005년 세계은행이 발표한 자료에 따르면, 전 세계 인구 67억 명 중 극빈계층에 속하는 수가 14억 명이며, 그중 대부분이 인도에 집중돼 있다고 한다.

여기서 극빈이란 하루에 1,500원 이하의 돈으로 생계를 유지하는 상태를 뜻한다. IT와 아웃소싱이라고 하면 인도를 떠올릴 정도로 신흥 산업으로 유명한 나라지만, 이 분야에 종사하는 사람은 극히 일부에 불과하다. 아직도 상당수는 고물을 팔아 생계를 연명한다. 어렸을 때부터 이런 생활을 하다보니 부모들은 비교적 젊을 때부터 건강이 악화돼 거동할 수 없는 상태에 이르고, 상대적으로 일찍 숨을 거둔다. 때문에 그들의 아이들은 또 다시 부모와 같은 생활을 답습하는 악순환이 계속된다. 설사가상으로 인구의 대부분이 문맹이라서 글을 읽을 줄도 쓸 줄도 모른다.

한마디로 인도 국민들은 가난의 악순환을 이겨낼 수 없는 삶을 살고 있다. 너무나도 참담한 현실을 목격한 간디Mahatma Gandhi는 "가난이야말로 가장 나쁜 형태의 폭력"이라고 역설하기도 했다. 더욱 참담한 사실은 이러한 최하 빈민의 인구가 30년 전에 비해 무려 두 배나 늘었다는 점이다. 끝없는 가난의 대물림은 인도를 비롯한 전 세계 수억 명이 처한 현실이다. 어떻게 해야 할까.

인도의 경우 1인당 1달러만 교육에 투자한다고 해도 막대한 규모의 재원이 필요하기 때문에 감히 엄두를 내지 못한다. 아이를 가르칠 교사도 없고, 부모 역시 완전히 문명으로부터 소외된 채 수십 세대 이상을 살아온 지역이 태반이다. 이러한 인도의 현실에 대해 분노한 젊은이가 있었다. 그의 이름은 수가타 미트라Sugata Mitra. 비록 별다른 힘은 없었지만 그는 어떻게든 인도의 암울한 현실을 바꾸고 싶었다. 어떻게 하면 인도를 가난과 무지의 굴레에서 벗어나게 할 수 있을까. 오랜 고민의 와중에 그는 아이들의 학습 패턴에 주목하게 된다.

당연한 이야기지만 아이들은 실수를 통해서 배운다. 아이들은 ① 자신이 모르는 무엇과 마주했을 때 ② 일단 무엇이든 시도해 피드백을 얻고 ③ 충분히 이해될 때까지 반복적으로 행동하며 ④ 거기서 얻은 답을 하나의 패턴으로 기억한다. 그래서 부모는 아이들의 예측할 수 없는 돌발행동에 늘 진땀을 꽤나 흘리곤 하는 것이다. 수가타는 바로 이 점에 주목했다.

어른들은 아이들의 무모한 도전과 반복되는 실수에 짜증을 내지만, 아이들은 언제나 계속해서 시도하며 원리를 깨닫고 방법을 터득하고, 이로써 지혜를 쌓아간다. 특히 언어는 엄청나게 반복되는 시행착오 속에서만 터득되는 것이다. 이에 수가타는 '피드백 시스템'이라는 결론에 도달한다. 아이들은 기본적으로 호기심이 가득한 존재고, 그런 호기심을 계속해서 시도할 수 있는 적절한 반응 시스템이 있다면 어른이나 사회의 도움 없이도 스스로 배울 수 있다고 판단한 것이다. 그리고 아무리 실수하고 실패해도 어른처럼 나무라거나 야단치지 않는 착하디착한 피드백 도구는 바로 컴퓨터였다. 이로써 '벽 속의 구멍 프로젝트Hold in the Wall'가 시작됐다.

■ '벽 속의 구멍 프로젝트'를 실시해 인도의 교육 가능성을 발견한 수가타 미트라 박사.◆

수가타는 먼저 인도의 중부 타밀나두 지역의 공공장소에 인터넷이 되는 PC를 설치했다. 아이들은 금세 PC에 호기심을 가졌다. 순식간에 아이들이 몰려왔다. PC는 마치 하늘에서 갑자기 떨어진 콜라병과도 같았다. 정체가 무엇인지, 어떻게 사용해야 하는지도 몰랐지만 아이들은 무서워하지 않았다. 윈도우즈 영문판 운영체제가 설치돼 있어 PC를 활용하기 위해서는 영어를 알아야 했지만, 아이들에게는 그다지 중요한 문제가 아니었다.

사실 그때까지도 수가타는 이것이 의미 있는 결론을 이끌어낼 수 있을지 확신하지 못했다. 단지 아이들이 호기심만 발휘하다가 결국 아무것도 얻지 못하고 끝날 수도 있었다. 그런데 3개월 후, 믿기 힘든 기적 같은 일들이 일어났다. 아이들은 컴퓨터를 이용해 아래와 같은 동작을 수행했다. 아무도 가르쳐주지 않았고, 누구도 글자를 모르는 상태였는데 말이다.

◆ http://www.flickr.com/photos/73828259@N00/383579694/

- 보조 프로그램에 있는 그림판으로 그림 그리기, 파일 불러오기 및 저장하기, 게임하기, 교육용 프로그램을 비롯해 여러 가지 프로그램 실행하기, 음악과 비디오를 재생하기, 사진 및 그림 보기, 인터넷이 가능한 상황에서 인터넷 브라우징 및 서핑하기.
- 메일 계정 설정하기, 메일 주고받기, 인터넷 상에서 채팅하기.
- 문제점 고치기(예: 스피커에서 소리가 나오지 않을 경우에 대한 조치 등).

더욱 놀라운 사실은 컴퓨터를 사용할 수 있게 되면서 아이들은 영어 어휘력과 사용 능력이 발달했으며, 집중력과 문제해결력이 향상됐고, 협업 및 자율학습이 가능해졌다는 것이다. 교육의 혜택으로부터 외면받은 아이들이었지만 학습 성과는 한국 아이들과 비교해도 손색이 없었다. '아무도 가르쳐주지 않았다' 는 사실만 제외하면.

이 아이들이 몇 안 되는 천재였을까? 어떻게 스스로의 힘으로 이 정도 수준의 학습 능력 단계에까지 이르렀을까. 벽 속의 구멍 프로젝트에 기술된 내용을 보면 그 비밀을 알 수 있다.

1. 한 아이가 '마음대로randomly' 윈도우 운영체제의 UI 환경을 사용해본다. 다른 아이들은 옆에서 유심히 관찰하면서 '이상한 발견들accidental discovery'이 일어날 때까지 지켜본다. 예를 들어 화살표 모양의 커서가 갑자기 손바닥 모양으로 변하는 것과 같은 일들이 일어나면 "어! 화살표 모양이 변했어! 너도 봤어?" 라며 환호를 지른다.
2. 아이들은 커서의 변화를 발견해낸 아이에게 다시 해보라고 요구한

다. 몇 번이고 같은 동작이 반복된다. 결국 아이들은 이전에는 알지 못했던 새로운 발견들을 찾아낸다. "우와, 이거 모래시계 모양으로도 변하네." 같은 방법으로 아이들은 계속해서 새로운 발견을 해낸다.

3. 여기서부터 흥미로운 행동 체계가 만들어진다. 자신들이 발견하고 수행하는 동작에 대한 어휘를 만들기 시작한다. 모래시계 만들기, 손바닥 만들기 등으로 부르면서 말이다. 어휘란 직관적으로 특정 행위를 묘사하는 개념의 일반화generalization다. 어휘가 만들어지면 이때부터는 개념과 개념들을 여러 가지 형태로 조합하는, 보다 수준 높은 추상화의 단계로 나아간다. 예를 들어 "마우스 오른쪽 버튼을 누르면 새로운 페이지가 뜨는 동안 커서가 모래시계 모양으로 잠시 바뀌어"라고 말하는 것이다.

4. 알파벳을 배우던 아이들이 결국 문장을 말하게 되듯이, 이 아이들은 얼마 지나지 않아 그림판 같은 프로그램을 실행시키고 그림을 불러오거나 저장할 줄도 알게 된다. 처음에는 이런저런 시행착오 끝에 간신히 터득하지만, 어느새 쉬운 사용법들을 알아내고 이를 서로서로에게 가르쳐준다. 호기심이 이끌어낸 시도들이 발견을 일으켜내고, 발견은 즉시 공유되는 것이다. 새로운 것, 더 쉽게 빨리 하는 방법, 그리고 그 과정 하나하나에 대해서도 아이들은 서로에게 가르쳐준다.

5. 처음에 아이들은 '아는 그룹Knows'과 '모르는 그룹Know nots' 또는 '가진 그룹Haves'과 '가지지 않은 그룹Have nots'으로 구분된다. 그러나 점차적으로 우정friendship과 주고받음exchange이 나 혼자만의 것으로 소유할 때보다 훨씬 많은 지식을 얻을 수 있음을 이해하게 된다. 즉, 공유

와 상호 도움이야말로 호기심을 효과적으로 충족시켜주는 최선임을 이해하게 되는 것이다.

이런 다섯 단계의 과정을 반복함으로써 아이의 상당수는 어른의 도움 없이 PC를 원활히 사용할 수 있고 영어 어휘를 구사할 수 있는 수준으로까지 학습 수준을 높인 것이다. 이렇게 지식의 평준화가 일어나고, 어느 시점이 되면 더 이상 배울 것이 없어지는 단계에 이른다. 그런데 여기서부터 호기심의 새로운 단계가 발현된다. 지금까지는 '실수를 통한 새로운 발견'이 이슈였지만 아이들은 이제 새로운 차원의 의문을 던진다.

"너, 이걸로 음악 연주 할 줄 알아? 내가 너한테 음악 들려줄까?"

"너, 우리나라가 지구상에서 어디에 위치해 있는지 알아? 내가 지도로 보여줄까?"

새로운 궁금증의 씨앗을 스스로 만들기 시작하는 것이다. 이제 아이들은 기존에 알고 있는 것에서 벗어나 더 새로운 어떤 것들을 할 수 있지 않을까라는 창의적인 질문을 던지기 시작한다. 그야말로 기적 같은 발견이다. 이전까지(적어도 이 글을 처음 읽기 시작할 때까지만 해도) 아이들은 대단히 미약한 존재라 부모의 보살핌과 가르침 없이는 그리고 교육 시스템의 도움 없이는 사회적 존재로 성장하기 어렵다고 믿었다. 하지만 수가타 박사가 찾아낸 것은 적당한 피드백 시스템만 있으면 아이들은 스스로 배울 수 있다는 사실이었다. 더욱 놀라운 발견은 아이들의 지적 성장은 어른이나 사회에 의한 것이 아니라 인간에게 내재된 강력한 호기심이 근원이었음을 밝힌 것이다. 호기심이 얼마나 강력한 힘을 지냈는지를 지구촌의 가장 밑바닥에서 발견해냈다고 할 수 있다.

수가타 박사가 TED를 통해 연구 성과를 소개하자 학계는 물론 많은 세계인들이 깜짝 놀랐다. 호기심의 힘의 재발견은 물론이고 교육의 근간을 새롭게 바라보는 계기였기 때문이다. 이는 인도의 암울한 그늘에 드리울 한 줄기 빛을 찾아낸 사건이기도 했다. 평생을 인도의 교육 가능성과 발전을 위해 헌신한 수가타 박사. 막막한 인도의 현실 앞에 한없이 약하고 초라해 보이던 그는 어느새 인도의 미래에 없어서는 안 될 강력한 정신적 지도자로 우뚝 섰다.

이것이 바로 이 시대를 움직일 새로운 에너지의 구성 요소로 호기심을 꼽는 이유다. 호기심이 그 자체로 열정이자 창의력의 씨앗이라고 말하는 이유기도 하다. 우리가 아무리 아주 효과적인 채널을 만들어 다른 사람들과 연결하고 소통한다고 해도 그 가운데서 새롭게 알게 된 사실이나 정보에 대해 관심을 갖지 않는다면, 즉 호기심을 품지 않는다면 그것은 그냥 스쳐지나가고 만다. 이제 정보는 넘쳐난다. 검색 한 번이면 어떤 정보에도 접근할 수 있다. 내가 관심을 가지는 내용이 아니면 아예 귀에도 눈에도 들어오지 않는다. 과거에는 새로운 정보들이 많지 않았기 때문에 그 모든 것들이 호기심의 대상이었다. 하지만 이제는 호기심의 대상에 대해 스스로 마음의 문을 열고 나와 들여다보는 시대가 돼가고 있다. 우리가 알 수 있는 것이 많아질수록, 그것에 접근하는 게 쉬워질수록 호기심이 더 중요해지는 것이다. 그래서 이 시대의 뛰어난 크리에이터들은 호기심의 중요성을 설파한다. 영화감독 스필버그Steven Spielberg도 말하지 않았던가.

"가장 위대한 업적은 왜라는 아이 같은 호기심에서 탄생한다. 마음속의 어린아이를 포기하지 마라."

호기심과 연민은 어떻게 세상을 구원하는가

2009년 2월 5일 『동아일보』 국제면에 다음과 같은 뉴스가 소개됐다.

> 전 세계의 이목을 집중시켰던 인도 정부의 10달러짜리 랩탑컴퓨터 프로젝트가 실망스러운 결과를 내놓으며 웃음거리가 됐다고 현지 일간 『타임스 오브 인디아』가 5일 보도했다. 신문에 따르면 10달러짜리 랩탑 개발을 주도한 인도 인적자원개발부HRD 관계자는 "이 랩탑은 컴퓨터라기보다 일종의 연산장치Computing Device에 가깝다"고 말했다. 또 이 관계자는 가로 10인치25.4cm, 세로 5인치12.7cm 크기의 이 랩탑에는 2기가바이트의 메모리를 탑재했지만 단순히 저장된 정보를 읽는 수준이라고 덧붙였다.

10달러짜리 노트북이라니 획기적인 이야기로 들리지만 RS500으로 명명된 이 랩탑(노트북)은 전자계산기 수준 이상도 이하도 아니라는 혹평을 받으며 거의 실용성이 없는 것으로 결론이 났다. 인도의 교육 문제를 획기적으로 해결하기 위한 시도는 좋지만 정작 개발에 성공한다고 해도 교재를 포함해 운영체제 구입 비용, 콘텐츠 수급 비용은 어떻게 할

ⓒTerry Chay

■ OLPC XO-1

것인가에 관한 혹평도 뒤따랐다. 하지만 이 기사의 이면에 벌어진 일을 들여다보면 이들의 노력은 특정 기관 한 군데의 눈물겨운 노력으로 그치지 않음을 알게 된다. 왜 이들은 애초에 수익성도 채산성, 지속가능성도 없어 보이는 프로젝트를 시도했을까? 우리 돈으로 단돈 1만 원짜리 랩탑이라니 말이다.

RS500프로젝트는 인도 인적자원개발부의 주도 하에 인도과학연구원IIS, 인도공과대학IIT-M, 벨로르 기술연구소 등 인도 최고 국영기업들의 도움을 받아 꼬박 3년을 투자해 개발했다. 이들은 무엇을 보고 그렇게 노력한 것일까. 바로 수가타 박사가 찾아낸 발견 때문이었다. 앞서 말했듯 그의 연구가 TED를 통해 알려지면서 전혀 새로운 시도에 대한 계기가 됐고, 이윽고 인도 정부의 거대한 실험으로까지 이어졌다.

2005년 1월, 스위스 다보스에서 열린 세계경제포럼에서 한 아이에게 한 대의 랩탑을 공급하자는 취지의 비영리단체 'OLPCOne Laptop Per Child'가 창설됐다. 이 단체에서 만든 첫 모델은 7.5인치 크기의 스크린과 비교적 저속 사양의 'XO-1'이라는 제품으로, 웹카메라와 스피커는 물론 무선인터넷 기능도 탑재됐고 배터리 수명은 네 시간이다. XO-1은 100달러에 공급하자는 목표 하에 만들어진 제품으로, 200달러에 판매해 구매 시마다 자동적으로 한 대는 OLPC가 필요한 지역에 제공하도록

했다.

OLPC는 수가타 박사의 연구를 토대로 아이들이 스스로 학습할 수 있는 환경만 마련해준다면 알아서 공부할 수 있다는 사실에 착안했고, 이에 가장 효과적인 방법이라고 할 수 있는 랩탑 개발 프로젝트를 착수한 것이다. 비록 작은 랩탑이지만, 이를 널리 확산시킴으로써 전쟁과 매춘, 가난으로 얼룩진 아이들에게 공부라는 기쁨을 선사해주고자 했다. OLPC 프로젝트 역시 TED를 통해 널리 알려지면서 많은 부모들과 교육에 관심 있는 개인, 단체 들이 자신의 아이들을 위해 랩탑을 구입했고, 그 자체로 가난한 아이들을 위한 후원이 됐다.

후원을 받은 아이들은 자신의 집으로 랩탑을 가져간다. 비록 전기는 들어오지 않지만 배터리가 허락하는 동안이라도 랩탑을 통해 학교에서 배웠던 것들을 복습한다. 혼자만 보는 것이 아니다. 가족, 친구, 이웃 들에게 자신이 배운 신기한 것들을 보여준다. 이 행위 자체가 다른 사람들에게 동기 부여의 계기가 된다. 이전까지 학교에 가지 않던 아이들은 '학교에 가면 나도 저 랩탑을 가질 수 있을 거야! 나도 저걸 가지고 공부하고 싶어!' 라고 생각하며 어떻게든 학교로 나가기 위한 노력을 시도한다. 그렇게 아이들은 점차 교육의 세계로 들어간다.

여기서 또 하나의 놀라운 일이 일어났다. 아이들이 부모를 학교에 데려온 것이다. 또한 아이들이 어른들을 가르치기 시작했다. 까막눈인 부모들에게 읽고 쓰는 방법을 가르쳤다. 사실 부모 역시 호기심과 배움의 욕구를 느끼긴 마찬가지였다. 다만 생활에 치이고 일상에 쫓겨 실행하지 못했을 뿐이다. 하지만 아이들이 가지고 노는 랩탑을 보고 잠들어 있

■ 랩탑 개발 프로젝트는 아이뿐 아니라 부모에게까지 공부의 기쁨을 일깨웠고, 미래를 꿈꾸게 하는 기적을 낳았다.

던 배움에 대한 열정과 호기심이 되살아났다. 그리고 마침내 부모들조차 하나둘씩 학교에 나타나기 시작한 것이다. 배우기 위해, 호기심을 해결하기 위해.

이것은 인류 역사상 최초의 현상이다. 스승이 제자에게, 부모가 아이들에게 이전 세대의 지식을 전해주던 전통적 패러다임이 최초로 붕괴되기 시작한 것이다. 배움의 역전! 그것이 인도에서, 세계 각지에서 벌어지고 있는 현상이다. 이렇게 지구의 한편에서는 조용한 혁명이 진행되고 있었다.

인도 정부가 10달러짜리 랩탑을 개발하고자 고군분투하는 노력은 바로 이런 배경 때문이었다. 인도가 가난을 극복하기 위해 찾은 최선의 방법은 역시 교육이고, 교육적 목적을 효과적으로 달성하기 위한 수단이 OLPC와 같은 운동이라는 점을 인식한 것이다. 극빈층 인구만 수억 명이 되는 인도. 랩탑을 10달러에 공급한다 하더라도 수백억 달러, 우리 돈으로 수십조 원이 들어갈 수밖에 없다. 아무리 인도 정부가 애를 쓴다 하더라도 이만한 재정 비용을 감당하기란 어렵다. 10달러 랩탑 개발이 아직은 요원해 보일지 모른다. 하지만 중요한 사실이 하나 있다. 이들은 혼자가 아니라는 것이다. 네트워크를 통해 연결된 지구촌의 사람들이 불가능을 가능하게 만들어낼 아이디어를 계속적으로 만들어내고 있다.

그리고 이 지점에서 우리는 또 다른 C의 실체와 마주하게 된다. 바로 연민Compassion이다. 왜 세계의 사람들은 자신과 전혀 상관없는 인도의 프로젝트에 관심을 보이고 동참할까. 일반적인 호기심의 발동이라고 하기에는 나와의 연결고리가 너무도 부족하다. 사람들의 관심을 이끌고, 그들이 힘을 쏟게 만드는 동인은 바로 연민이다. 가난의 굴레에서 벗어나지 못하는 사람들, 배움이라는 기본적인 욕구를 채울 수 없는 사람들에 대한 안타까움이 그들에 대한 관심으로 이어져 호기심을 불러일으키고, 나아가 행동하게 만드는 것이다. 그래서 연민은 호기심의 주효한 촉발제 중 하나다. 호기심은 새롭고 다른 것에 대한 순수한 의문인 동시에 할 수 없고 도태된 것에 대한 애정과 관심이기도 한 셈이다.

다시 다니엘 핑크의 내적 동기로 돌아가보면, 내적 동기의 구성요소 중 의미 있는 일에 동참하고자 하는 욕구가 있음을 확인할 수 있다. 진보하고 발전한 세상에서 도태된 사람들을 돕는 일만큼 커다란 의미를 지니는 일이 또 있겠는가.

카타르는 가장 많은 양의 원류를 생산하는 GDP 세계 1위의 국가다. 하지만 그것은 1930년대 이후의 일이다. 본래 카타르 사람들은 어업과 진주 재취를 생업으로 삼았다. 이곳의 환경은 그야말로 황무지 그 자체였다. 연간 강수량이 75밀리미터도 채 되지 않을 정도로 땅은 척박했고, 여름에는 단 한 방울도 비가 내리지 않는데다가 기온은 무려 50도를 넘나들었다. 이런 환경에서 사람이 살아가기란 참으로 버거운 일이었다. 하지만 이들은 알라 신에 대한 깊은 믿음을 가지고 가난한 자들을 도우며 사는 데 자긍심을 느꼈다.

그러나 그 믿음은 시련을 맞는다. 1930년 들어 일본이 양식 진주를 대량으로 생산하기 시작한 것이다. 경제 대부분을 어업과 진주 채취에 의존하던 카타르 사람들은 순식간에 생업을 완전히 잃었다. 1930년대 후반까지 수많은 사람들이 굶어죽는 등 카타르는 세계 최빈국으로 전락했다. '신이시여, 저희를 구원하소서. 어째서 카타르에 이토록 가혹한 시련을 계속해서 주십니까. 저희를 버리시는 것입니까.' 이글이글 뜨겁게 달아오르는 모래사막의 모습은 마치 이곳이 지옥인가 싶을 정도였다.

하지만 놀랍게도 알라 신은 그들을 위한 새로운 미래를 준비했던 모양이다. 절대적인 고난의 극에 치닫는가 싶던 순간, 기적같이 엄청난 양의 석유가 터졌다! 페르시아 만 지역에는 세계 석유 매장량의 절반이 넘는 6,750억 배럴의 석유가 묻혀 있었고, 카타르는 전 세계에서 세 번째로 많은 석유가 매장된 지역이었다. 순식간에 전 세계 모든 국가들이 카타르 앞에 무릎을 꿇고 석유를 달라고 애원하는 상황으로 역전됐다. 이후 카타르는 석유를 바탕으로 일약 세계 경제의 중심에 우뚝 섰고, 2009년 기준 GDP 세계 1위에 올랐다. 석유가 무엇인가. 일본의 진주만 공격을 비롯해서 세계 전쟁의 모든 배후가 석유 패권을 둘러싼 것일 정도로 석유는 전 세계의 젖줄이다.

카타르 사람들이 믿어 의심치 않는 알라 신은 그들에게 태초부터 물 대신 세계의 젖줄을 마련해두었던 셈이다. 카타르는 이렇게 신의 엄청난 은총을 받아들고 세계의 중심으로 나왔다. '알라 신이여 감사합니다. 이제 다시는 당신의 은혜를 미처 보지 못하는 우를 범하지 않겠습니다.' 이제 그들은 눈을 들어 자신들의 미래에 무엇이 다가오고 있는지 이해하려고 애쓴다. 다시 말해 알라 신이 그들을 위해 준비하라고 계시하는 또 다른 말씀이 있는 것은 아닌지 알아내려고 노력한다.

전 세계는 점점 더 많은 에너지를 소비하고 그것이 무한할 것처럼 여기지만, 카타르 사람들은 결국에는 석유가 고갈되리라는 것을 잘 알았다. 또 다시 '진주의 저주'를 겪을 수는 없었다. 이것이 수도 도하의 해안에 '더 펄 카타르The Pearl Qatar'라는 진주 모양을 본 뜬 거대 인공 섬을 만드는 이유였다. 뜬금없이 인공 섬이라니? 설명하자면 좀 길다.

카타르에서 사업을 하기 위해서는 카타르 사람을 스폰서로 반드시 껴야 하고, 그에게 충분한 수준의 지분을 제공해야 했다. 넘쳐나는 석유 덕분에 카타르 사람들은 먹고 사는 걱정 따위는 하지 않아도 상관없었다. 돈이 돈을 벌어들이는 형국이었다. 그들은 그야말로 부유했기 때문에 전 세계를 돌아다니며 하고 싶은 일들을 마음껏 벌일 수 있었다. 그러다보니 자연스럽게 깨닫기 시작했다. 알라 신은 극한의 저주받은 땅에 살아가는 그들에게 그 모든 것을 뛰어넘을 것을 태초부터 이야기하고 있었다. 그것은 바로 지혜의 샘물이었다. 모든 것을 가능하게 하며 시공을 초월하는 무한의 힘. 그것을 담을 그릇을 준비하라고 끊임없이 말하고 있었던 것이다. 카타르 사람들은 지혜의 샘물을 담을 큰 그릇을 준비해야 했다. 그것이 바로 인공 섬이었다.

많은 이들이 카타르를 돈으로 쌓아올린 모래성이라며 우려를 표한다. 사막에 스키장을 만든다는 것은 그야말로 에너지 낭비에 불과하다. 초고층 빌딩을 계속해서 짓고 있지만 아무도 살지 않는 텅 빈 건물이다. 건설 경기가 한풀 꺾이는 순간 재앙이 시작될 것이다. 하지만 다른 관점으로 바라보면 어떨까. 카타르는 상상력의 그릇을 만들고 있다. 이곳에서 무한한 상상력이 펼쳐지고 실현되고 있다. 사막 한가운데 스키장이 만들어지고 인공 녹지가 조성되고 빌딩과 최첨단 기술들이 집약되고 있다. 최근에는 축구경기장의 돔과 같이 태양빛을 가리는 차단막을 만들어 열을 차단하고, 돔의 위쪽으로는 태양전지를 설치해서 뜨겁게 내리꽂히는 태양열을 에너지로 변환해 냉각 시스템을 구동하려는 초대형 프로젝트를 가동한다. 이를 위해 더 많은 아이디어를 결집하려 애쓰고, 결국은 미국이 우주개발을 하며 축적했던 첨단기술처럼 에너지와 관련한 최첨단 기술을 견인하려고 노력한다. 물론 실패할 수 있다. 하지만 그들은 이해하고 있다. 중요한 핵심은 그런 모든 시도들이 모여들 수 있는 '용광로'를 건설하는 일임을.

■ 카타르 도하의 해안에 위치한 인공 섬 '더 펄'은 2014년 완공을 목표로 공사가 한창이다. 전체 규모는 여의도 면적의 절반쯤 된다.◆

새로운 세상을 향한 카타르 사람들의 열망, 즉 뜨거운 생각들은 새로운 시도와 새로운 아이디어들을 생산하고 있다. 그 창의와 혁신은 또 다시 세상을 뜨겁게 만들고 있다. 그리고 마침내 그들은 알라 신이 준비한 또 다른 거대한 선물을 발견하기에 이르렀다. 석유 생산에 드는 에너지 비용은 계속해서 올라가고, 반면 태양 에너지 생산 비용은 계속해서 내려가고 있다. 그리고 이 두 가지가 만나는 지점이 바로 그리드 패러티Grid Parity다. 그리드 패러티를 만나게 되면 에너지원으로서 더 이상 석유를 생산할 필요가 없다. 더 비싸니까. 유럽은 이미 그리드 패러티 지점

◆ http://www.flickr.com/photos/26617707@N00/3060410529/

을 넘어서서 국가 전역에 태양 에너지 저장과 공급 시설 인프라에 막대한 투자를 하고 있다. 세계도 얼마 지나지 않아 이 지점을 통과할 것이다. 많은 전문가들은 그 시기를 2013년으로 점친다. 2013년이 지나면 세계는 이제 석유보다 태양 에너지에 더 관심을 가질 것이다.

그렇다면 석유를 생산해서 먹고 사는 중동 지방은 또다시 진주의 위기에 빠질 것인가? 그렇지 않다. 그 척박하고 광활한 사막을 다시 보라. 1년 내내 거의 비도 내리지 않고, 50도가 넘는 뜨거운 태양이 끓는다. 사실 이 땅은 막대한 태양 에너지가 쏟아지는 거대한 에너지 창고다. 사막 한 켠에서는 석유 시추 시설로 인해 뜨거운 불길이 뿜어져 나오지만, 다른 한 켠에서는 태양광 시설이 대규모로 설치되고 있다. 이제는 석유를 운송하기 위한 석유공급관 대신 전기 에너지 전송 설비가 그 자리를 대체할 것이다. 이들은 미국과 소련이 한때 우주 개발로 치열하게 경쟁한 것처럼 에너지 관련 기술을 확보하고 실현하기 위해 모든 가능성들을 시험하고, 다양한 아이디어들이 모일 수 있도록 최선을 다한다. 커뮤니케이션 혁명과 에너지 혁명, 제러미 리프킨 교수는 바로 이 지점에 인류의 제3산업혁명이 기다리고 있음을 증언한다.

이것은 비단 카타르에 국한된 이야기가 아니다. 우리는 정말 새로운 세상을 만나고 있다. 작은 관심, 작은 에너지, 작은 행동 하나가 누군가의 생명을 살릴 수도 있고, 국가를 움직이고 세계를 하나로 뭉치게도 할 수 있다.

지금까지 살펴본 $E=mC^2$은 이 세상을 가동시키는 핵심 논리다. 우리가 채널을 위시한 연결을 통해 주고받은 정보에는 아이디어가 있고 정서가 담겨 있다. 그것에 호기심을 느끼면서 열정이 유발되고 창의가 실현된다. 기존에는 생각하지 못했던 새로운 아이디어들이 탄생에 탄생을 거듭했고, 곧 새로운 비즈니스들을 기하급수적으로 창출시켰다. 인류는 전 지구적 문제를 해결하고자 함께 노력하는 글로벌 소사이어티로 성장하고 있다. 다음 장에서 그 거대한 변화의 실제 현장을 목도할 것이다.

2장까지 우리는 지금 세상이 어떻게 돌아가고 있는지, 이 세상에 필요한 에너지를 만들어내는 방법은 무엇인지를 이야기해왔다. 충분히 구체적으로, 생동감 넘치게 전달하려 했지만 여전히 그 맥락이 정확히 이해되지 않는 사람이 있을지도 모르겠다. 그래서 보여주려 한다. 사람들이 엮이고, 생각을 모으고, 행동을 함께할 때 벌어지는 놀라운 창의와 혁신, 열정의 현장을! 여기서 소개하는 TED와 SXSW는 단순히 특정 지식 컨퍼런스가 아니다. 그것은 지금 세계 지식과 지혜가 어떻게 창출되고 공유되는지를 집약적으로 보여주는 지식 생태계의 축소판이다. 자, 열정과 창의로 뜨겁게 달궈진 현장으로 함께 출발해보자.

PART 3
뜨거운 생각들

Chapter 9

왜 세계는 그곳에 열광하는가

: 세계 지성의 향연 TED

2010년 2월 9일, 나는 꿈에 그리던 미국 TED 컨퍼런스를 향한 비행기에 드디어 몸을 실었다. 캘리포니아 팜스프링스에서의 일주일간의 여정. TED 2010 올해의 테마는 '세상이 지금 필요로 하는 것' 이다. 설레고 긴장된다. TED 행사에 참가하는 이들은 몇 달 전부터 온통 TED 생각밖에 들지 않는다더니 나 역시 딱 그랬다. TED가 도대체 무엇이길래 내 마음이 이리도 셀레고 긴장되는 것일까. 영어를 제대로 하지 못하는데 일주일 동안 꿀 먹은 벙어리로 애만 태우다가 오는 것은 아닐까. 그곳에 아는 사람이 하나도 없는데 나는 사람들과 어떻게 어울릴까. 도대체 나를 기다리는 것은 무엇일까. 비행기가 창공을 향해 날아오르기 시작하자 나지막이 느낄 수 있었다. 이제 돌아올 수 없는 강을 건너고 있음을.

"자, 인혁, 편안하게 숨을 내쉬고 몸에 힘을 빼라구. 우리에게 너를 맡기기만 하면 돼."

나는 눈을 감았다. 친구들에게 모든 것을 맡겼다. 그들은 나의 몸을 잡은 채 편안하게 바다를 느끼는 방법을 가르쳐주었다. 이내 나는 편안하게 숨을 쉬며 카타르 사막의 아라비아 해에 몸을 맡긴 채 둥둥 떠 있었다. 수영을 할 줄 몰랐지만 상관없었다. 물에 빠져 허우적거릴 것 같은 공포감은 온데간데없었다. 정말 편안했다. 이렇게 좋은 것이구나! 흘러가는 대로 나를 맡기면 되는 거였어. 문득 2년 전 비행기 안에서 초조해하던 내 모습이 떠올랐다. TED란 무엇일까, 나를 기다리고 있는 여정은 무엇일까 하는 두려움 속에 비행기를 올라탔던 그 순간, 내 삶은 모든 것이 달라졌다.

나는 지금 전 세계 90개국에서 모여든 액티비스트 700명과 카타르 도하에 있다. 영상으로만 우러러 보던 전설적인 TED의 연사들과 함께 고민을 나누고 실천 방안을 찾고 열정가들과 힘을 모은다. 우리가 세상을 바꿀 수는 없을지 모르지만 우리에게 주어진 인연으로 함께할 수 있는 일을 한다. 'Stop Thinking, Start Doing.' TED 강연의 진정한 힘은 지행일치였다. 그가 풀고자 하는 삶의 호기심과 숙제를 나눈다. 그런 의지를 가진 이들이 전 세계에서 모여들어 아이디어로 묻힐 수 있었던 생각을 불러일으키고 가능성을 찾아 새로운 단계로 진화시킨다. 열정 넘치는 리드들이 만들어내는 진정한 창조. 이것이 TED였다. 문득 '내가 처음 어떻게 비행기에 몸을 싣겠다고 결심했을까?' 라는 의문이 들었다. 그리고 다시 시간을 거슬러 올라갔다.

처음에는 TED 영상을 보며 그 속에 담긴 아이디어에 열광했다. 최고의 지식 콘서트는 이런 것이구나. 그러면서 문득 내가 누군가가 만들어준 자막을 통해 편하게 강연을 시청하고 있음을 인지하고 나도 번역을 해서 다른 누군가에게 도움을 주어야겠다고 결심했다. 그렇게 해서 처음 TED의 열린번역 프로젝트에 참여해 번역한 강연이 「두 다리가 없는 수퍼우먼 에이미 달리다」였다. 그녀는 두 다리가 없었지만 오히려 자신의 단점을 장점으로 승화하며 일반인보다 더 열정적으로 자신에게 주어진 소명을 살고 있었다. 정말 멋진 이야기였다. 번역하는 동안 감동의 눈물을 수차례 흘렸다. 처음에는 그녀의 삶이 나와 무슨 상관이 있는지, 내 인생과 어떤 연관 관계가 있는지 알지 못했다.

그러던 어느 날 잠이 오지 않아 뒤척이다 일어나 《나는 멋지고 아름답다》를 읽었다. 다양한 이들의 에피소드를 담은 책이라 손에 잡히는 대로 원하는 부분을 읽으면 됐다. 내가 우연히 펼쳐든 부분은 교통사고로 수십 차례의 성형수술과 다리 절단 수술을 받아야 했던 김진희 씨의 사연이었다. 삶을 송두리째 잃어버리고 절망의 나락에서 헤어 나오지 못해 수차례 자살을 시도했던 그녀를 구한 것이 바로 TED 강연을 통해 만난 에이미 멀린스Aimee Mullins의 이야기였다. 태어나면서부터 절단 장애인으로 평생을 살아야 했던 에이미는 이제 세계 패럼림픽 육상선수로 명성을 날렸을 뿐 아니라 사업가, 배우, 모델로서 눈부신 활약을 하며 산다. 에이미의 이야기는 김진희 씨를 일어서게 했다.

현재 김진희 씨는 한국절단장애인협회 회장이다. 눈코 뜰 새 없이 바쁜 강연 일정과 컬럼 기고 등을 소화하면서 비슷한 처지에 있는 사람들

■ 선천성 장애로 다리를 절단해야 했지만 육상선수, 모델, 배우, 사업가 등으로 종횡무진 활약하는 에이미 멀린스의 감동적인 TED 강연.

에게 도움이 되는 정보는 물론 시설·기구 후원, 해외 시설 지원사업까지 최선을 다한다.

나는 뒤통수를 세게 맞은 기분이었다. 나의 작은 기여가 누군가의 미래를 바꿀 수도 있구나! 충격은 여기서 그치지 않았다. TED 2011 컨퍼런스에서 안토니 아탈라Anthony Atala가 선보인 인공 장기 프린터를 보고 깜짝 놀라 얼른 매일경제신문 특집 기사에 이 내용을 자세히 소개했다. 안토니는 2009년 TED 무대를 통해 이미 인공 장기 배양의 가능성을 소개했는데 2년 뒤 엄청나게 진일보한 장기 프린터를 들고 나온 것이었다. 이것은 장기 이식을 기다리는 수많은 환자들에게 새로운 가능성의 장이었다.

얼마 후 나는 전화 한 통을 받았다. 나를 찾으려고 백방으로 수소문을 했다는 여성은 5년 동안 신장 투석을 하며 고통스러운 나날을 살아왔다고 떨리는 목소리로 말했다. 차라리 죽는 게 낫겠다는 생각에 자살도 여러 번 시도했다. 그러던 중 내가 쓴 신문 기사를 보았고, 살기로 결심했다고 했다. 설사 본인이 장기 프린터의 혜택을 누리지 못하고 죽을 수도 있지만 이 이야기를 주변 사람들에게 전해 그들에게도 희망을 줘야겠다고 다짐했다는 것이다. 그러면서 "정말 고맙다", "당신은 내 생명의 은인이다"라는 말을 거듭했다. 전화를 끊으며 나는 몸이 떨리고 있음을 느꼈다.

지식은 그저 정보로만 존재하는 것이 아니라 그것을 필요로 하는 누군가에게 직접적인 영향을 미쳐야 한다. 무엇이 옳고 그르다가 아니라 우리의 숙제를 직접 풀어내는 것이어야 한다.

TED를 접하는 사람들은 유난히 액티비스트[Activist]라는 단어를 많이 발견할 것이다. 나의 행동 하나가 누군가에게는 크나큰 영감이 될 수도, 어려움을 딛고 일어서는 희망이 될 수도 있다는 믿음을 바탕으로 행동하는 자가 바로 액티비스트다. 거창한 영웅적 행위일 필요는 없다. 에이미 멀린스의 TED 강연을 한글로 번역한 것만으로도 누군가에게는 큰 힘이 될 수 있었으니까 말이다. 내가 사는 이 세상을 조금 더 의미 있게 만들기 위한 나의 작은 행동 하나가 누군가에게는 삶을 딛고 일어서게 만드는 큰 초석이 될 수도 있다. 그런 초석 하나하나가 모일 때 결코 상상할 수 없었던 큰 움직임을 만들어낼 수도 있다. 그것을 실현하고자 사람들을 모으고 아이디어들이 모이는 곳이 바로 TED다.

생각은 행동으로 이어져야 한다. 정작 행동하지 않는 결심은 부정적 에너지로 다시 자신에게 돌아온다. 행동은 곧 복이다. 그것이 바로 행복

行福이다. 2년 전 비행기 안에서 '액티비스트가 되고 싶다'고 나지막이 결심했다. 그리고 기도했다. 내가 이 세상을 보다 밝고 의미 있는 곳으로 만드는 그릇으로 쓰일 수 있게 해달라고. 내 안에 영혼의 울림을 담을 수 있게 해달라고. 생각하는 바를 행동으로 옮길 수 있는 용기를 가지게 해달라고. 사람과 사람을 연결하는 멍석이 되게 해달라고. 그리고 나의 모든 것이 바뀌었다.

TED란 무엇인가

아만다는 스키를 타다가 사고로 하반신 마비가 됐다. 의사는 그녀에게 앞으로 절대 걸을 수 없다고 선고했다. 이후 그녀는 비운의 주인공이 돼 좌절과 실의에 휩싸여 살았다. 2011년 어느 날, 그녀는 휠체어를 타고 수많은 사람들 앞에 섰다. 장애를 안고 살아간다는 것에 대해 연설이라도 하려는 걸까. 그런데 갑자기 믿기 힘든 광경이 펼쳐졌다. 그녀가 휠체어에서 일어나더니 무대 위를 걷기 시작한 것이다!

TED 2011 발명 세션에서 실제로 벌어진 일이다. 당시 로봇공학자 이더 벤더Eythor Bender는 '로보틱 강화 골격'이라는 새로운 형태의 로봇을 선보이면서 아만다를 무대에 세웠다. 이 로봇은 사용자가 입는 형태로 제작됐는데, 아만다가 실제로 착용해 그 효과와 기능을 보여준 것이다. 장애를 극복할 수 있는 기술의 발명을 세상에 알리는 순간이었다. 뿐만 아니라 벤더는 각종 한계 상황에서 훈련해야 하는 군인을 위한 '강화

■ 사고로 하반신이 마비된 아만다가 로봇공학자 이더 벤더가 발명한 로보틱 강화 골격을 착용하고 TED 2011 발명 세션 무대에 서 충격과 감동을 선사했다.◆

슈트' 도 선보였다. 이 슈트를 입으면 아무리 무거운 짐도 가뿐히 짊어질 수 있고, 높은 곳도 가볍게 점프할 수 있다. 뜨거운 기립박수가 터져 나왔다.

기적은 거기서 그치지 않았다. 사실 TED 2011을 빛낸 최고의 경이는 안토니 아탈라가 개발한 장기 프린터였다. 장기 프린터는 피부조직부터 콩팥, 뼈에 이르기까지 신체의 다양한 기관을 프린트하는 형태로 재생하는 기술이다. 심각한 장기 손상을 입은 환자가 선택할 수 있는 최선의 치료법은 장기이식이지만, 미국만 해도 한 해 6만 5,000명 이상이

◆ http://www.flickr.com/photos/berkeleybionics/5518711557/

ⓒSteve Jurvetson

■ 미국 웨이크 포레스트대학교 재생의학연구소의 안토니 아탈라 박사가 TED 2011에서 인공 장기 프린터를 소개하며 즉석에서 콩팥을 재건해 보였다.

장기이식을 원하는 데 반해 실제로 공급할 수 있는 수준은 극히 일부에 불과하다. 태어날 때부터 장기 이상이 있는 사람은 이식조차 받을 수 없다. 그런 사람들에게 장기 프린터라는 새로운 희망이 생긴 것이다.

장기 프린터의 재료는 바이오엔지니어링에 의해 만들어진 미성숙 인간의 피부세포다. 일반 프린터로 치면 잉크 같은 것인데, 손상된 피부나 장기는 3D 스캐너로 미세하게 촬영한 다음 아래에서부터 위로 얇게 층을 쌓는 형태로 프린트한다. 아탈라는 현장에 장기 프린터를 가지고 나와 즉석에서 콩팥을 재건하는 과정을 보여줬다. 여기에 더해 태어날 때부터 척추 장애가 있던 루크 마셀라가 무대로 나와 아탈라의 바이오 기술 덕분에 장애를 완치하고 건강하게 살고 있다고 밝혔다. 인류 의학기술이 새로운 단계로 진입했음을 알리는 신호탄이었다.

과연 TED가 무엇이기에 기적 같은 일들이 펼쳐질까? TED는 1984년에 시작됐다. 전 세계의 가장 앞서가는 진보 지식인들이 모여 세상을 관통하는 지성을 교환하고, 미래의 다양한 이슈들을 돌파할 아이디어들을 제시한다. 영화 「마이너리티 리포트」에서 톰 크루즈가 허공에 손을 휘저으며 선보였던 가상 스크린 제어 기술도 TED에서 이미 실현해 보였다. 스마트폰의 멀티 터치 스크린 기술도 제프 한Jeff Han이 2006년에 상용화 수준으로 개발해 TED에서 먼저 선보였던 것으로 유명하다. 그 결과 기술을 선도하는 회사들은 TED 컨퍼런스에 참석해 경이로운 발명을 선보이는 사람이나 회사 들과 협력하기 위해 수고를 아끼지 않는다.

그렇다고 TED를 단지 신기술 발표회로 생각하면 그야말로 오산이다. TED는 테크놀로지, 엔터테인먼트, 디자인의 머리말을 딴 국제 컨퍼런스로, '전파할 가치가 있는 아이디어'들을 공유하는 세계 지성의 향연이라 하겠다. 단순히 앞서가는 이들의 연구 결과를 발표하는 행사가 아니라 인류가 탐구하는 모든 값진 지혜가 한데 어우러지고 소통돼 세상을 변혁시키는 플랫폼이다.

사실 일반 컨퍼런스들은 국내외를 막론하고 따분하기 십상이다. 형식적으로 어쩔 수 없이 참여하지만 별다른 흥미도 재미도 느끼지 못하는 경우가 대부분이다. 하지만 컨퍼런스 시작 전부터 조금이라도 먼저 행사장으로 들어가기 위해 수백 명이 줄을 서는 행사가 있다면? 매 세션마다 좋은 자리를 차지하기 위해 경쟁하고, 연사의 강연이 끝나면 터질 듯한 감동에 자기도 모르게 눈물을 흘리며 기립박수를 치는 컨퍼런스

©Steve Jurvetson

■ 빌 게이츠가 TED 무대에 올라 전 세계인에게 지구 최대의 질병인 말라리아의 위험성을 경고하며 퇴치 운동에 동참할 것을 설득했다.

가 있다면 믿겠는가?

더욱이 참가비만 700만 원을 육박하며, 1년 전에 등록 신청을 해야 하고, 등록하더라도 '내가 왜 이 컨퍼런스에 참석해야 하는가'에 대해 설득력 있게 이유를 제시하지 못하면 참가할 수 없다. 그리고 참석이 확정되면 열렬히 환호하고 주위의 부러움을 한몸에 받는다. 참석 이후는 더욱 '가관'이다. 옆자리에 미국 전 부통령 앨 고어나 영화배우 윌 스미스가 앉아 있다. 그들 역시 청중으로 참석했다. 이쯤 되면 "도대체 무슨 컨퍼런스야?" 하는 말이 저절로 나온다.

짐작했겠지만 이 말도 안 되는 컨퍼런스의 정체가 TED다. TED는 소명을 가지고 세상을 의미 있는 곳으로 바꾸기 위해 노력하는 세계 곳곳의 혁신가들이 무대에 서서 단 18분 안에 관객들을 감동시키는 지식 컨퍼런스다. 하이테크, 디자인, 철학 등 영역을 가리지 않으며 시대를 이끄는 이들이 평생의 열정을 담은 탁월한 이야기를 전한다.

TED는 「모나리자」의 예에서 확산될수록 진짜의 가치가 커진다는 사실을 깨닫고 모든 강연 영상을 인터넷에 무료로 개방했다. 누구나 다운로드하고 전파할 수 있다. "내 인생은 TED를 만나기 전과 후로 나뉜다"고 말하는 사람들이 넘쳐날 정도로 TED에는 놀랍고 훌륭한 이야기들로 가득 차 있다.

뇌종양에 걸린 뇌 과학자의 임사체험과 해탈, 지구 곳곳을 전부 다녀본 인류학자가 전하는 인간의 보편성, AI의 아버지 마빈 민스키Marvin Minsky가 설명하는 인공지능, 진화생물학자 리처드 도킨스Richard Dawkins가 말하는 우주, 다니엘 핑크가 증언하는 새로운 미래, 스티븐 호킹Stephen Hawking이 이야기하는 우주로 가는 꿈, 전 미국 부통령 앨 고어의 지구온난화를 막기 위한 노력, 지구 최대의 질병인 말라리아 퇴치 운동에 관한 빌 게이츠Bill Gates의 행동 등 그간 TED에서는 수많은 의문이나 고민들을 풀어가는 사람들의 이야기가 소개됐다.

세계를 열광시키는 지식의 용광로, TED. 이 컨퍼런스가 어떻게 움직이는지, 그곳에서는 어떻게 새로운 지식과 열정이 탄생하는지를 알아보는 것은 앞서 살펴본 열정 증폭의 법칙을 실제로 활용하는 데 큰 도움이 되리라 확신한다.

TED는 지행일치다

많은 사람들이 TED를 지식 콘서트로 인식한다. 세계 최고의 지성과 열정가 들이 한자리에 모여 그들의 인생이 담긴 아이디어를 단 18분 만에 풀어내는 컨퍼런스로서 말이다. 하지만 이것은 TED를 영상으로만 본 사람들의 이야기다. TED 스타일의 강연 방법, TED 스타일의 지식 콘서트라고 주장하는 모든 사람들과 그 실체는 마치 "연애를 책으로 배웠어요"라고 말하는 우를 범하는 경우가 많다. 왜냐하면 TED는 지식 콘서트가 아니라 사람과 아이디어를 연결하는 네트워크 플랫폼이기 때문이다.

연사가 강연을 끝내고 내려가면 이제부터가 본격적인 시작이다. 주제에 관심 있는 수많은 사람들이 함께 숙제를 풀기 위해 힘을 합친다. 그래서 TED 영상을 보면 항상 관객을 비추는 카메라가 존재한다. 강연 내용에 공감하는 사람들의 반응과 에너지를 확인하기 위해서다. 하지만 여느 지식 콘서트들은 어떤가. 연사가 무대를 내려가면 그것으로 끝이다. 그가 말한 지식은 공기 중에서 희석되고, 그의 이야기는 청중의 노트에만 남는다. 아무리 연사의 기교가 좋은들 그것은 연사의 가치만 높여줄 뿐이다. 그러다보니 청중은 꿔다 놓은 보릿자루 신세가 되기 일쑤다.

TED는 지행일치다. 아무리 기량이 탁월한 연사도 그가 하는 이야기와 행동이 일치하지 않으면 무대에 설 수 없다. 그래서 연사의 성공담보다 실패담이 더 주목받고, 연사의 일생과 그의 아이디어가 밀접한 관련이 있어야 한다. 참고로 TED는 2012년 전 세계를 돌며 훌륭한 이야기를 가진 사람들을 발굴하는 월드 와이드 오디션을 진행했다. 서울에서도 이루어졌다. 한 연사가 기량을 멋지게 선보였지만 뒤이어 자신이 어떤 성과를 거두었는지 자랑을 늘어놓자 큐레이터인 크리스 앤더슨이 진행을 멈추며 난색을 표했다. 나 잘났다는 이야기는 아무에게도 감동을 주지 못한다는 이유에서였다. TED 강연의 핵심은 무대에서 최선을 다하는 연사가 아니라 청중의 생각과 행동의 변화를 이끌어낼 수 있는 이야기에 있기 때문이다.

한편 TED는 믿음이다. 아이디어가 모든 것을 바꿀 수 있다고 확신한다. 사람들을 통해 빠르게 전염되는 것은 정서다. 그리고 정서에 가장 맞닿아 있는 것이 바로 아이디어다. 왜냐하면 아이디어는 호기심에서 비롯하기 때문이다. 호기심은 내적인 열정의 근원이다. 아이를 생각하면 이해하기 쉽다. 호기심은 본능적인 것이다. 우리가 호기심에서 비롯한 아이디어를 만났을 때 비로소 아하 모멘트Aha Moment를 경험하게 되고, 자신은 물론 주변으로 이것을 확산시키며 변화를 만들어낸다. 그래서 TED는 아이디어가 나 자신은 물론, 세상을 바꿀 수 있다는 믿음을 가진 조직임을 명시한다.

모든 지식은 공유돼야 한다

닐 파스리차Neil Pasricha는 행복한 유년을 보냈고, 성인이 된 후에도 늘 원

만하고 순탄하게 살았다. 2007년 전까지는 그랬다. 금융 위기가 불어닥친 이후 그의 삶은 송두리째 달라졌다. 사랑스러운 아내는 "난 더 이상 당신을 사랑하지 않아"라는 청천벽력 같은 한마디를 남기고 떠났고, 오랜 친구는 정신병으로 자살했다. 버틸 수 없었다. 모든 것이 무섭고 두렵고 겁났다. 그럼에도 죽는 것은 더욱 두려웠다. 어떻게든 살아야 했다. 하지만 살아갈 의지도 희망도 없었다. 그래서 그가 선택한 것은 살 이유를 찾는 일이었다.

닐은 그날부터 잊고 지냈던, 하지만 굉장히 의미 있고 중요한 '감사할 만한Awesome' 일들을 매일 하나씩 찾아 블로그◆에 기록하기 시작했다. 그리고 이것을 부모님에게도 알려드렸다. 그의 글을 본 부모님은 소박하지만 경이로운 이야기라고 생각해 주위에 알렸다. 곧 닐의 블로그는 유명세를 탔고, 많은 사람들이 그의 블로그를 방문해 감사할 만한 일 찾기에 동참했다. 삶의 매 순간에서 발견하는 정말 소중하고 감사한 일상. 그 가치를 의식적으로 발견하고자 한 그의 노력은 결국 많은 사람들의 행복까지 함께 일깨워주는 소중한 경험으로 승화됐다. TED에서 닐은 자신의 경험을 「삶의 놀라운 세 가지 A」라는 주제로 소개했다. 그에 따르면 3A는 다음과 같다.

예측할 수 없는 미래에 대해 긍정적인 태도로 한 걸음씩 나아가고Attitude

내 삶의 모습들 하나하나를 느끼고Awareness

◆ http://1000awesomethings.com

■ TED 토크의 스타, 닐 파스리차가 감동적인 강연을 위해 TED 관계자들과 아이디어를 논의한다. 가운데 앉은 사람이 닐.

이러한 나 스스로에게 진실성을 가지는 것Authenticity.

TED가 다른 컨퍼런스와 구별되는 점 중 하나는 '18분의 매직' 즉 제한된 강연 시간이다. 연사는 단 18분 안에 자신의 이야기를 임팩트 있게 제시해야 한다. 연설이 시작되는 순간부터 연사의 시야에 18분의 시간이 역으로 카운트다운되는 것이 보이기 때문에 그 어떤 연설보다 긴장되고 피가 마른다고 한다. 그러나 바로 이 점이 단순 정보 전달이 아닌 감동이나 충격으로 가득 찬 드라마 한 편을 만들어내는 것이다.

닐 역시 18분의 매직을 실현해냈다. 그의 이야기에 컨퍼런스에 참석한 수천 명이 감동했고, 곧 일상의 소중함에 대해 진지하게 성찰하게 됐다. 그리고 감동의 쓰나미는 컨퍼런스 현장을 넘어 온라인 무료 동영상을 통해 이야기를 접한 수십만의 사람들에게까지 영향을 미쳤다.

사실 처음 TED의 혁신적인 아이디어는 행사에 참석한 사람들끼리만 공유할 수 있는 일반적인 컨퍼런스의 형태를 띄었다. 하지만 2001년 새플링 재단의 억만장자 크리스 앤더슨Chris Andersen이 TED를 인수하면서 완전히 새로운 모습으로 탈바꿈한다. 그는 TED를 통해 '모든 지식은 서로 연결돼 있다'는 믿음을 실현했다. '확산할 가치가 있는 아이디어Ideas Worth Spreading'라는 슬로건을 내걸고 컨퍼런스의 모든 콘텐츠를 외부에서 자유롭게 보고 다운로드하고 퍼갈 수 있도록 개방하는 쪽으로 선회했다.

잠시 다른 각도에서 생각해보자. 유명 매장에서 인기 있는 고급 의류를 원저작자의 동의 없이 복제해서 자체 상표를 붙여 팔았다면 이때 복제자는 어떤 처벌을 받을까? 정답은 아무런 처벌도 받지 않으며 불법도 아니다. 패션 업계에서 저작권법은 대개 상표를 복제하지만 않으면 문제가 되지 않는다. 뭔가 불합리하다고 느끼는 사람들이 많을 것이다. 저작권법의 목적이 원발명자의 소유권을 인정해줌으로써 창조적 아이디어의 시장 발현을 촉진한다는 관점에서, 이 부분은 짝퉁을 허용함으로써 원제작자의 노력을 무력화하고 브랜드 구축을 위해 노력하는 기업을 위험에 빠뜨리는 원인을 제공하기 때문이다.

하지만 현실은 어떤가. 세계 패션 분야만큼 독창적·개방적·창조적인 시장이 또 있을까 싶다. 프라다Prada가 파리에 있는 빈티지 가게에서 우연히 발견한 재킷을 보고 너무나 마음에 들어 복제하기로 결심했다는 일화는 유명하다. 상대의 아이디어를 자유롭게 취하고 그것에 새로운 영감을 더해 만들어내는 다양성의 시장은 패션 분야의 저력을 이끌어내는 원동력으로 자리 잡고 있다.

■ '확산할 가치가 있는 아이디어'를 전 세계인과 공유하고자 TED 컨퍼런스의 모든 콘텐츠를 개방한 크리스 앤더슨.

ⓒMick Yates

바야흐로 창조의 시대가 도래했다. 기업의 가장 큰 생산 비용은 바로 아이디어가 됐다. 기존의 것을 개선하는 형태의 존속적 혁신은 다른 관점의 새로운 아이디어로 승부하는 파괴적 혁신 앞에 계속해서 고전한다. 기업은 각종 특허 공격과 특허권자들의 카르텔 앞에 살아남기 위해서라도 기업문화를 창조적으로 바꾸기 위해 애쓰고 있다. 창조가 기업의 생존 그 자체가 돼가고 있기 때문이다. 이 지점에서 주목할 만한 혁신이 등장한다. 바로 브랜드를 개방하는 것이다. 그 대표 사례가 TED다.

TED는 모든 지식의 전면 개방Radical Openness을 기치로 삼아 강연 동영상을 공개하고, 자원봉사 번역 시스템을 도입했다. TED 역시 어디까지나 기업임을 감안할 때, 기업의 핵심 가치인 동영상을 무료로 공개하고, 20년 넘게 구축해온 자신들의 브랜드를 사람들이 '공짜'로 사용할 수 있도록 공개한 것은 대단히 큰 리스크가 뒤따르는 실험이었다. 하지만 두려움이라는 심리적 장벽을 넘어서자 전혀 예측하지도 짐작하지도 못했던 거대한 성공의 물결이 찾아왔다. 그것은 정신적인 브랜드로의 진화였다. 지금 TED는 하나의 정신으로 표현된다. 바로 열린 마음Openness과 호기심, 상대에 대한 너그러운 관용Generosity이다. 그리고 이는 곧 인간의 내적 욕구에 잠재해 있는 것이다.

TED 정신 = 열린 마음×호기심×관용

기적이 일어났다. TED의 혁신적인 아이디어에 감명을 받은 수많은 사람들이 TED 토크라고 부르는 강연 영상들을 주위에 전파했다. TED 연사들과 참석자들이 어느 순간 혼연일체가 돼 형언할 수 없는 감동을 느끼는 순간을 'TED 모멘트Moments·테드의 순간'이라고 부른다. 모든 사람들이 TED 모멘트를 느끼며 공명을 일으키는 순간, 지성은 생각으로서만이 아닌 행동으로서 세상을 움직인다고 믿는다. 세상에 확산시킬 만한 가치가 있는 아이디어들을 무료로 개방하고, 뜻있는 사람들을 끌어들여 행동으로 이끌어내는 현장이 바로 TED다. 현재 TED 토크는 자원봉사자들에 의해 13개 언어로 번역됐고, 85개국에서 1,500만 명이 총 1억 번 시청했다.

TED가 진정으로 막강한 영향력을 갖는 이유는 이처럼 컨퍼런스를 통해 발굴된 아이디어들을 널리 퍼뜨리는 전 세계의 실천가들 덕분이다. TED의 강연은 무려 자원봉사자 5,000여 명에 의해 81개국의 언어로 번역된다. 이처럼 많은 자발적 봉사자에 의해 강연 하나하나가 번역되는 경우는 유례를 찾아보기 어렵다.

모든 오픈 소스 프로젝트의 성공을 좌우하는 열쇠가 협력에 있듯이, TED 열린 번역 프로젝트에서도 협력이 굉장히 중요하다. 하지만 번역자나 언어별 커뮤니티마다 작업 스타일이 서로 다르다. 혼자서 작업하는 사람이 있는 반면, 커플 혹은 그룹으로 하는 것을 선호하는 사람도 있고, 때로 온·오프라인을 넘나들며 서로 다른 속도로 다른 시간을 투자하는 사람도 있다. 그 때문에 TED는 각 커뮤니티가 조직되고 운영되는 과정에 가능한 간섭을 줄이는 방침을 고수해왔다. 봉사자 스스로 가장 좋은 방법을 찾기를 바라서다. 도움이 필요할 때 외면하겠다는 뜻이 결코 아니다. TED는 번역을 자원한 사람들을 서로 이으려는 노력도 아끼지 않는다. 즉 봉사자들은 TED가 제공하는 연결 채널에 의해 서로 상호협력하며, 더 열띤 참여를 이어가는 것이다.

TED = TED 정신 × 의미 × 네트워크

이뿐 아니다. 지역적으로도 다양한 모임들이 자발적으로 만들어져 사람들은 주기적으로 한자리에 모여 TED 토크를 함께 감상하고 토론하기 시작했다. TED의 정신인 공유 가치 확산을 계승하는 유사한 이벤트를 만들고자 하는 시도도 늘어났다. 이에 TED는 TEDx라는 오픈 소스 브랜드를 만들어 각자 독자적으로 이벤트를 진행할 수 있는 가이드라인을 배포했다. TEDx 문화의 특징은 상대의 좋은 아이디어를 적극적으로 채택하고 주위에 전파한다는 점이다.

TED는 생산자와 소비자의 경계가 무의미한 문화공동체의 모습을 띠며, '종교 2.0' 으로까지 규정될 정도로 브랜드를 뛰어넘어 정체성으로 받아들여진다. 결국 캘리포니아 일대에서 개최되는 훌륭한 컨퍼런스 정도로 평가받던 TED가 단 3년 만에 전 세계의 언어로 번역되고 세계 모든 주요 도시들에서 열리는 TEDx를 발판으로 폭발적인 관심과 전 지구적인 호응을 불러일으키며 문화현상으로 등극했다.

문을 열어야 무엇이든 들어온다. 크리스 앤더슨은 이 사실을 알았던 것이다. 열린 문을 통해 나가는 것도 있겠지만, 그것이 나가서 되돌아올 때는 더 크고 중요해진다는 것도 이해했을 터다. TED는 모든 것을 오픈하고 공유함으로써 수많은 사람들의 관심과 참여를 이끌어냈고, 그 결과 더 다양하고 큰 지식 콘텐츠를 확보할 수 있었다. '열어야 들어온다' 는 당연하지만 실천하기 힘든 이치를 실현해낸 결과다.

지금 세계는 기업과 소비자 간에 경계가 뚜렷하던 시절에서 소비자에게 공기와도 같은 존재로 플랫폼을 공유하는 애플과 구글의 생태계 모델로 무게 중심이 크게 움직이고 있다. 이제 고객이 기업을 성공시키는 적극적 생산자로 활약한다. 그리고 콘텐츠는 물론 브랜드까지 공유하며 정신적 공동체로까지 성장하는 새로운 유형의 플랫폼이 탄생했다.

경제학자 알렉스 태브룩은 "이제 인류가 파이를 나눠 먹는 제로섬게

임의 시대에서 더하면 더할수록 커지는 촛불의 시대로 진입했다"고 선언했다. 촛불의 시대에서 성공의 관건은 다양한 아이디어들이 최대한 서로 만나서 서로를 취할 수 있는 문화적 환경을 구축하는 것이다. 중요한 점은 창조적 아이디어의 발현이 패션 업계에서처럼 서로의 생각들이 쉽게 만나고 복제될 수 있어야 하며, 경계를 넘어 만나는 사람들 간의 정신적 공동체를 만들어가는 일이다.

실천 없는 지식은 껍데기에 불과하다

TED는 '실천하는 지성'을 강력하게 요구한다. 일례로 연사들은 TED에서 10원도 받지 않고 자발적으로 강연한다. 청중과 시청자 들에게 자신의 온 열정이 담긴 이야기를 전하며 함께 문제를 해결하자고 요구한다. 그것 자체가 실천인 셈이다.

혁신가들을 지원하는 TED 펠로TED Fellow 역시 지식의 실천을 권장하는 TED 정신에서 나온 프로그램이다. TED는 해마다 세상을 변화시키는 혁신가 40여 명을 TED 펠로로 선발해 TED 컨퍼런스는 물론 각종 다양한 매체를 통해 전 세계에 그들의 활동을 적극적으로 알린다. TED 펠로는 1년 동안 자격을 유지하며, 독보적인 업적이나 의미를 인정받은 사람에 한해 TED 시니어 펠로TED Senior Fellow를 부여한다.

펠로들은 TED 컨퍼런스 도중 무대에 올라 활동 분야와 목적하는 바를 청중에게 소개하고 별도 무대에서 자신의 사명과 열정을 강연한다.

이 장면은 촬영돼 TED 토크 등으로 배포된다. 뿐만 아니라 그들의 활동에 관심 있는 컨퍼런스 참석자들이 직접 연락할 수 있도록 자세한 연락처 정보가 담긴 책자를 제공하고, 다양한 글로벌 커뮤니티를 통해 그들을 알린다. 즉 TED 펠로들의 사회적 인지도를 급격히 높여 그들의 활동에 큰 힘을 실어주는 것은 물론, 현실적인 도움을 줄 수 있는 정·재계 리더들과의 연결을 만들어주는 것이다.

어떤 일을 지원받기 위해 회사의 마케팅이나 브랜딩 부서로 연락한다고 해보자. 의사결정을 쉽게 내릴 수 없는 부서에서 받을 수 있는 지원은 제한적일 수밖에 없다. 거부당할 가능성도 높다. 당연히 CEO와 같은 의사결정자와 만나는 것이 가장 효과적이다. 빌 게이츠가 TED 펠로를 만나 본인의 회사나 주변에 그들을 도와주자고 한마디만 해보라. 당장 엄청난 도움을 받을 수 있지 않겠는가.

혹자는 TED 펠로 프로그램을 사회 특권층들의 강력한 네트워크 연대라며 부정적으로 볼지 모르겠다. 하지만 그보다는 글로벌 커뮤니티가 함께 풀어가야 할 문제들을 현실적인 방법으로 해결하기 위한 노블레스 오블리주 프로그램으로 봐야 하지 않을까. 일례로 2009년 TED 펠로로 선정된 마다가스카르 출신의 아드리안코토는 개발도상국의 여성 지원 프로젝트인 '4Awoman'을 소개했다. 그러자 현장 참석자 중 한 명이 바로 멜린다게이츠 재단과 연결해주었다. 파키스탄에 홍수가 나서 도움을 요청하자 한국계 TED 펠로 아드리안 홍을 비롯해 많은 펠로들이 즉시 팔을 걷고 나서서 각종 기금 마련을 위해 노력을 기울인 일도 인상적이었다.

■ TED 액티브는 다양한 이벤트를 끊임없이 조직하고 행동으로 옮긴다. 파자마 차림으로 아침 행사를 시작하는 이벤트를 실행한 사람들.

2009년 TED 펠로이자 2011년 시니어 TED 펠로로 선정된 아드리안 홍은 한국이 낳은 자랑스러운 펠로 중 한 명이다. 그는 북한과 같은 폐쇄된 사회에서의 개방과 자유를 향한 운동을 지원하는 활동에 사명을 바치고 있다. 2011년에는 일상생활에서 발생하는 각종 다양한 데이터들을 혁신적인 시각 효과로 그 의미를 일깨운 시각화 디자이너 민세희 씨가 TED 펠로로 선발돼 활동을 시작했다. 즉 TED 펠로 프로그램의 핵심은 모든 지식·지성·열정은 실천돼야 한다는 것이고, 펠로들은 그 실천을 위해 애쓰는 사람들이다.

실천 없는 지식은 껍데기에 불과하다는 TED의 생각은 TED 액티브 TED Active에서도 발현된다. TED 액티브는 온·오프라인을 통해 전파되는 아이디어와 열정을 실제로 실현하고 행동으로 옮길 수 있는 젊은이들을 한자리에 모으기 위해 기획된 이벤트다. 예를 들어 어느 해에는 ① 더 나은 교육 ② 더 나은 교통 ③ 지속가능한 미래 ④ 공공예술 ⑤ 소셜네트워크를 축으로 삼아 세상을 좀 더 나은 곳으로 만들 아이디어를 현장 참여자들이 직접 개발하는 것을 목표로 개최됐다. 이벤트에 등록한 참여자는 행사 한 달 전부터 온라인에서 진행되는 토론에 참여해 주어진 분야에서의 새로운 가능성을 모색했다. 그리고 행사 시작 후에는 쉬는 시간, 저녁 시간 등 틈이 날 때마다 삼삼오오 모여 대화를 나누며 새로운 서비스를 고안하고 더 나은 미래를 만들 실천 방안을 고민했다.

재미있는 것은 이들 각 프로젝트가 해당 산업을 대표하는 기업들의 직접적인 스폰서를 받아 업계에 실제로 반영될 예정이라는 점이다. 예를 들어 여행 프로젝트는 전 세계 수많은 여행객들이 공통적으로 겪는 이동 중에서의 문제점을 해결하는 데 중지를 모았다. 비행기를 타는 순간 짧게는 몇 시간에서 길게는 며칠 동안 외부 세계와 차단된 채 불편한 상태를 겪어야 한다. 이동 중에도 여행을 즐길 수 있는 방법이 없을까? 델타 항공은 사람들과의 논의 끝에 기내 인터넷 사용 상품인 인플라이트 와이파이In-flight Wi-Fi를 개발했다. 새로운 가치를 창조한 것이다. 승객은 물론 항공사에도 좋은 수익 모델을 만들어주었다.

사람들을 움직이는 힘은 무엇일까? 과연 무엇이 그들을 실천하게 만들까? 그것은 '더 나은 세상을 만든다'는 원대한 목표다. '좋은 세상을 만드는 데 기여한다'는 동기는 열정에 불을 지핀다. 개인의 입장에서는 자신의 막연한 생각과 행동이 현실화됨으로써 세상에 좋은 영향을 끼치고, 기업의 입장에서는 그저 돈만 주고 이름을 올리는 스폰서를 넘어 혁신적인 아이디어를 의뢰할 수 있는 기회가 된다. 미래지향적으로도 공익적으로도 '돈을 정말 잘 쓸 수 있는', 그래서 세상에 진정으로 유익하면서 자사의 이익에도 크게 기여하는 새로운 차원의 기회인 것이다.

지식의 실천, 세상에 대한 기여를 중요시하는 만큼, TED는 그저 앞서가는 지성들의 이야기를 듣는 장이 아니다. TED는 현 인류 사회가 당면한 과제들에 대해 큰 질문을 던지고 각 분야의 최고 행동하는 지성들과 함께 논의하는 자리다. 그간 진행된 주제만 살펴봐도 알 수 있다.

TED 2006은 '우리가 창조할 미래The Future We Will Create', TED 2007은 세상을 변혁시키는 '아이콘, 천재성, 강력한 개성Icons, Geniuses, Mavericks', TED 2008은 우리 자신에 대한 '큰 질문들The Big Questions'을 통해 우리는 누구이며, 생명이란 무엇이고, 아름다움은 진실의 속성을 가졌는가 등에 대한 열띤 토론을 벌였다. TED 2009는 '위대한 공개The Great Unveiling'라는 주제로 지구촌이라는 공간 공동체를 넘어 문화 공동체인 글로벌 소사이어티로서의 인류를 선언했고, TED 2010은 '지금 세상이 필요로 하는 것What the World Needs Now'을 주제로 빌 게이츠, 「아바타」 감독인 제임스 캐머런, 환경운동가인 앨 고어 전 미국 부통령 등 다수의 지성인들이 이야기를 펼쳤다.

즉 TED는 끊임없이 지금의 세상을 이해하고, 이에 맞춰 실천해야 할 행동을 고민한다. 이중 TED 2010에서 제시된 생각과 아이디어를 몇 가지만 살펴보자면 이렇다. 먼저 빌 게이츠는 원자력을 이용한 '테라파워

terrapower'에 투자해 지구온난화 문제를 해결하자고 주장했다. 테라파워란 원전의 우라늄 폐기물을 활용해 에너지를 만드는 실험적 기술이다. 그는 이제 에너지 감축 논의보다 에너지 기적에 대한 투자가 필요하다며 혁신적 연구에 각국이 투자할 것을 촉구했다.

한편 영국 보수당 대표 데이비드 캐머론David Cameron은 공공기관 재정 적자 문제에 대한 새로운 해법을 제시했다. 그는 "정치란 순진해빠진 사람들을 골탕 먹이는 쇼비즈니스와도 같은 것"이라고 말하며, 예산 극대화를 도모하는 공공기관의 도덕적 해이를 막기 위해서는 무엇보다 정보 공유가 중요하다고 역설했다. 그는 행정 정보뿐 아니라 시민 간의 비교 자료도 국민에게 공개함으로써 예산 절약을 유도하자는 아이디어를 내놨다.

현실에 대한 냉정하고 심도 깊은 시선도 있었다. 개발도상국의 기아 극복을 위한 활동들을 연구하는 MIT의 에스더 듀플로Esther Duflo 교수는 원조는 빈곤을 재생산하는 메커니즘이라고 주장했다. 사람들이 원조에만 기댄다는 것이다. 그는 "인센티브 형태로 도움을 제공해야 한다"고 역설하며 "렌즈 콩이라는 식용식물 1킬로그램을 가져와야 예방 접종을 해주겠다고 제안하자 무상 원조 때보다 38퍼센트나 더 참여했다"고 소개했다. 또한 케빈 베일스Kevin Bales는 21세기에도 전 세계에 2,700만여 명의 노예가 존재하는 현실을 고발했다. 노동 대가를 한 푼도 받지 못한 채 개보다 못한 삶을 살아가는 엄청난 수의 노예들이 실재하며, 특히 개인의 존엄성을 부르짖는 선진국도 마찬가지라고 각성을 촉구했다.

TED에서 소개되고 논의되는 새로운 생각과 아이디어, 창조와 상상의 그림이 더욱 큰 의미를 지니는 비결은 바로 현실성에 있다. 오늘날의 현실에 대한 고민, 실천 가능성에 대한 점검이 없다면 그저 허황된 상상에 그칠지도 모를 일이다. TED는 오늘에 발을 딛고 내일을 보며, 실천을 염두에 두고 생각하기에 더욱 의미 있는 결과물들을 탄생시킨다.

열정은 접촉을 통해 진화한다

TED 컨퍼런스 현장에 가보면, 오전 7시 30분부터 사람들이 함께 식사를 하며 자유 토론을 벌인다. 여섯 명이 그룹을 만들지 않으면 식사를 포기해야 한다. 한 테이블에 국적이 같은 사람은 단 한 사람도 없다. 이뿐 아니다. 밤새 파티가 열려 새벽 2시가 다 되도록 불을 피워놓고 이야기를 나누고, 손에 잡히는 대로 악기를 들고 즉흥 연주를 하며 흥을 돋운다. 노래를 하는 밴드 구성원들은 방금 전까지만 해도 서로 이야기 한 마디 나눠본 적 없는 사이다. 사막에 있는 어느 목장으로 가서 지리학자가 자원봉사로 안내하는 신비한 사막 투어를 하기도 한다. 물론 지프에는 무조건 여섯 명이 함께 타야 한다. 혼자서 노는 행동 따위는 절대 허락하지 않는다.

왜 무조건 같이해야 할까? 그것은 지금껏 단 한 번도 만난 적 없는 각양각색의 사람들이 이 한 번의 만남을 통해 엄청난 에너지를 만들어낼 수 있기 때문이다. TED 컨퍼런스의 참가비는 6,000달러. 미국 근로자의 평균 연봉이 6만 달러인 점을 감안하면 연봉의 10분의 1에 가까운

©Albara Alohali

■ 오전 7시 30분, TED 컨퍼런스 현장의 아침식사 광경. 식사 중에도 서로의 아이디어를 공유하며 자유 토론이 이어진다.

돈이다. 그러니 참가자들의 면면이 범상치 않다. 초우량 기업의 CEO나 임원은 물론 다양한 분야에서 활약하는 전문가, 전 세계를 돌아다니며 활동가로 살아가는 사람 등 열정 그 자체인 사람들이 모인다. 그들은 서로의 열정을 존중하고 존경한다.

뇌종양을 앓아 살 날이 3년밖에 남지 않은 20대 초반의 글렌Glenna Fraumeni은 컨퍼런스 도중 몇 번을 실신하고, 통증을 견디기 위해 가슴에 패치를 붙이고 다녀야 했다. 하지만 자신에게 3년이라는 시간이 주어진 이유에 대해 설명함으로써 사람들을 숙연하게 했다. 그녀는 불쌍한 존재가 아닌 존경받는 존재가 됐다. 테러 지원국으로 고립되고 가난으로 고통받는 나라 수단에서 온 안워Anwar Dafa-Alla는 무려 180개가 넘는 TED

토크를 아랍어로 번역해 자신의 민족에게 전파했다. 어찌 보면 힘없고 미개한 나라에서 온 낯선 이방인을 TED에 모인 사람들은 영웅으로 추앙했다. 서로에 대한 존중은 열린 마음으로 이어져 서로의 모든 것을 흡수하게 만든다. 그렇게 전이된 생각과 열정은 더 크고 새로운 생각과 열정을 만들어내며 진화한다.

이것은 현대사회와 놀랍도록 닮아 있다. 그래서 TED를 새로운 세상의 축소판이라고 하는 것이다. 현대사회를 규정할 수 있는 하나의 키워드를 뽑으라면 무엇일까? 바로 인터랙티브Interactive다. 일방성이 아닌 자발성에 근거한 상호 작용의 시대. 물건 하나를 사더라도 상품 정보는 물론 '사용자 후기'를 살펴보고 나서야 신뢰하는 것이 기본인 시대다. 단방향성은 왠지 모르게 불편해졌다. 달리 말하면 우리는 서로가 영향을 주고받는 가운데 각자의 에너지를 더욱 증폭시키는 세상을 살고 있는 것이다.

변화나 혁신, 세상의 변화 따위가 나와 무슨 상관이냐 싶은 사람이 있을 것이다. 하지만 우리가 세상이라고 부르는 것들은 나 자신의 거울이다. 내가 보고 느끼고 행동하는 방식이 바로 세상의 모습이다. 보지 못했던 것을 보고 새로운 생각의 방법을 배우고 내가 만들 수 있는 나 자신을 위한 작은 변화가 바로 세상을 바꾸는 방법이다. 즉 내가 바뀌면 세상이 바뀌고, 세상을 알아야 나를 변화시킬 수 있다. 현실의 올바른 파악이 변화의 시작인 셈이다.

하지만 냉철한 현실 인식은 때로 우리가 외면하고 싶었던 실상과 마주치기도 한다. 아주 극단적인 경우지만 한번 생각해보자. 지금 이 세계가 전쟁과 이념의 갈등이 최소화된 상대적으로 평화로운 시기라고 생각한다면 큰 오산이다. 사실은 인류사에 유래가 없을 정도로 잔인하게 사람이 사람을 죽이는 대량 살상의 세기다. 20세기 들어 정부의 살인 명령에 의해 군인이나 민간인이 사람을 죽인 건수만 5,000만이 넘는다. 1915년부터 오스만투르크는 아르메니아 인 150만 명을 살해했다. 20세기 중반에는 나치가 살해한 사람만 1,000만 명을 훨씬 웃돈다. 무려 유대인 600만 명과 소련군 포로 300만 명, 그리고 폴란드 인 200만 명이 여기 포함된다. 스탈린의 소비에트 정권은 러시아 인 2,000만 명을 숙청했다. 자국민에 대해서도 마찬가지다. 마오쩌둥은 자국민 3,000만 명을 살해했다. 크메르 정권은 170만 국민을 학살했고, 사담 후세인의 바트 당은 이라크 쿠르드 인 시민 10만 명을 죽였다.

르완다에서는 동족 사이에 유래를 찾아보기 힘든 끔찍한 강간·살인 사건이 발생했다. 이웃이었던 후투 족이 정권을 장악하면서 투치 족을 제거하라는 명령이 떨어졌다. 여자들은 반드시 강간하고 난도질하거나 산 채로 불에 태워 죽이라는 지시도 있었다. 이웃이 이웃을 죽이는 끔찍한 일들이 매일 벌어졌고, 불과 석 달 만에 투치 족 인구의 4분의 3이 지구상에서 사라졌다. 동네에서 학생들을 가르치는 한 선생님은 이렇게 증언했다.

"하루 종일 사람들을 죽이느라 지쳐서 여자들을 강간할 힘도 없었습니다. 그래서 그냥 가솔린을 병에 담아 와서 여자들에게 뿌리고 불을 붙였습니다."

한 후투 족 여성의 증언은 어이가 없다. 일생 동안 친구처럼 지내던 이웃의 아이들을 잔인하게 때려죽였는데, 어차피 부모가 모두 살해돼 오갈 데 없는 고아가 된 만큼 그 아이들을 죽인 일은 '호의'를 베푼 셈이라는 것이다. 당신이라면 나와 매일 같이 생활하던 이웃들을 눈 하나 깜짝 하지 않고 배를 갈라 내장을 쏟아내고, 산 채로 불을 지르고, 그것도 모자라 창으로 몸을 뚫어 매달아놓고 죽을 때까지 고통을 느끼도록 할 수 있을까? 임신한 산모의 배를 갈라 태아를 꺼내 잔인하게 도륙하고 산모도 토막 내 죽이는 일을 과연 상상으로라도 할 수 있을까? 이런 일들이 지금 이 순간에도 벌어지고 있다는 사실이 믿어지는가.

이것은 상황과 시스템의 힘이다. 집단이라는 가면 뒤에 숨어 개인이 아무런 책임과 죄책감을 느끼지 못하고 악마성을 발현하게 되는 것이다. 이와 관련해 짐 바르도 박사는 사람이 상황에 굴복하면서 갖게 되는 부작용이자 반드시 극복해야 할 요소의 하나로 '왜곡된 시간 인식'을 꼽는다. 사람의 성격이 변하고 포악해지는 이유 중 하나는 본인이 인식하는 시간이 '현재 이 순간'에만 머물러 있기 때문이라고 한다.

학교 다닐 적 마감 기한으로 꽤나 고생했던 숙제나 팀 프로젝트, 시험 같은 절체절명의 것들을 생각해보라. 회사의 과제 일정, 양산 일정도 마찬가지다. 마감 시간 내에 과업을 완수하기 전까지는 다른 생각은 전혀 못한다. 밤을 새서라도 반드시 준비를 해야 하기 때문이다. 이 상황에 누가 어디 바람 좀 쐬러 가자거나, 고민이 있으니 얘기 좀 들어달라고 하거나, 술 한잔 하자고 한들 그 소리가 귀에 들어올 리 만무하다. 정공법으로 노력해서 해결하든, 친구의 것을 베끼든 수단 방법 가리지 않고 극복하려 든다. 제발 이것만 끝나면 좀 쉬어야지 하지만, 끝나는 대로 바로 또 다른 것이 기다리고 있다. 초등학교 때부터 중학교, 고등학교, 대학교, 대학원, 그리고 군대, 회사…. 우리는 항상 마감의 압박에 시달리며 살지 않았는가.

상황의 힘에 시달리는지 아닌지를 확인하는 방법 중 하나는 미래에 관한 인식을 물어보는 것이다. 혹시 학교 입학 때라든가 입사 후 연수 때 지금부터 5년 후의 미래를 그려보라는 질문을 받은 적 있을 것이다. 그때 뭐라고 썼는지 떠올려보라. 그 꿈이 무엇이었든 간에 당시는 5년 후 나는 무엇을 하고 살면 좋을까를 진지하게 고민했을 것이다. 그런데 지금은 미래에 무엇을 할지 그려보며 사는가? 당장 오늘 하루의 일도 모르는데 미래까지 생각할 겨를이 없다면 확실히 상황의 힘에 압도당하고 있다고 봐도 무방하다.

문제는 이것이다. 미래를 생각하지 않으면 현재의 내 상황을 가늠할 수 없다는 것. 군대의 제대 일자는 미래로 보일지 몰라도 군대의 환경은 그것을 마감 일자로 만들었다. 마감 기한이 지나는 순간 민간인이 되고 평범한 인간관계로 복귀한다. 그러나 마감 기한까지 군대는 상사는 간수, 후임병은 죄수로 취급하는 문화를 만들었다. 이제 일정 시간 동안 사람을 훈련시키고 관리하는 것이 아니라 구성원들이 함께 미래를 바라보며 협력할 수 있는 문화를 모색해야 한다. 자신이 어디 서 있는지, 어디를 향해 가는지를 잃어버리는 순간 나 자신을 통제할 수 없고, 당연히 내가 원하는 세상을 만들 수도 없다. 즉 중요한 것은 발은 오늘에 두되 눈은 내일을 보는 것이다. 냉철한 현실 인식을 통해 세상을 이해하며 그 가운데 나는 어떻게 살아갈지를 결정하는 것이다. 혼자서는 변할 수 없다. 나와 세상이 함께 바뀌어야 한다.

개인보다 상황과 시스템의 힘이 사람을 압도할 수 있음을 밝혀낸 사람이 바로 스탠포드 감옥 실험을 통해 소개했던 《루시퍼 이펙트》의 저자 필립 짐바르도 박사다. 그는 5일 만에 실험을 중단하며 상황의 힘이 얼마나 무서운 결과를 만들어낼 수 있는지를 온몸으로 겪었다. 그 와중에 학생들이 겪은 정신적 트라우마에 대해 평생 속죄하는 마음으로 세계 곳곳에서 벌어지는 문제적 상황들에 맞서 적극적으로 대응하고 있다. 그리고 사람을 악마가 아닌 영웅으로 행동할 수 있도록 하는 환경을 만들기 위한 프로젝트 '영웅적 상상력Heroic Imagination'을 사재를 들여 운영한다.

나는 한국 학생들이 닫힌 교육 경쟁의 고통에 시달리다 스스로 생을 마감하는 일련의 비극을 접하며 짐바르도 박사의 '루시퍼 이펙트'를 실감했다. 그래서 다짜고짜 그의 연락처를 찾아 이야기를 나누고 싶다고 메일을 보냈다. 과연 그가 생면부지의 사람과 이야기를 하려 들까, 걱정이 앞서기도 했다. 하지만 그는 우리가 TED를 통해 연결돼 있다는 사실을 알고 즉시 스카이프로 화상 채팅을 요청해왔다. 처음에는 이야기를 제대로 나눌 수 있을까 의심스러웠지만 첫 대면에서 무려 한 시간 넘게 대화를 나눴다. 나는 그에게 한국의 상황을 전했고, 그는 믿을 수 없다는 표정을 지으며 말했다.

"시스템이 초래한 결과에요. 함께 세부적인 분석을 해봅시다."

몇 달 후 나는 미국에서 그를 직접 만났다. 열정적으로 살아가는 그는 80세가 넘어 거동도 불편한 노인이었지만 형형한 눈빛은 젊음 그 자체였다. 세 시간이 넘도록 그는 해결 방법을 같이 논의했고, 한국의 지도자와 기업가 들을 만날 수 있도록 해달라고 요청했다. 초면이었지만 우리의 진정성이 만나자 자기도 모르게 눈물을 흘렸다. 그를 보며 열정은 이런 것이구나, 말과 행동이 일치한다는 게 이런 것이구나를 실감했다.

그 후 한국에서는 뜻있는 사람들이 동참해 TED to School 프로젝트를 전개했고, 이런 움직임은 이내 미국에서 가장 일하고 싶은 기업 아마존 재포스의 딜리버링 해피니스Delivering Happiness 팀과 함께 행복한 조직문화 만들기 운동 VHPVery Happy Person으로 이어졌다. 현재 이 운동은 삼성, KT, SK, 카카오와 같은 기업은 물론 많은 교육에 뜻있는 사람들이 함께 만들어가고 있다. 세상을 보다 의미 있는 곳으로, 정서적 동질성을 만들고자 하는 이들의 연결은 희망의 빛을 키워가고 있다.

지금 여기서

인생은 끊임없는 선택의 연속이다. 하지만 수많은 기로에서 현실은 언제나 우리의 선택을 방해한다. 선택에 대한 책임은 내가 져야 하고, 선택에 따른 부정적인 파급 효과가 클지도 모른다는 두려움에 옴짝달싹하기 어려울 때가 많다. 최악의 선택은 아무것도 선택하지 않는 것이라고 하지만 혹시나 선택하지 않아도 되는 또 다른 길이 있을지 모른다는 생각과, 다른 사람이 나 대신 선택해주기를 바라는 마음이 들 때가 하루에도 수십 번이고, 아무런 생각도 하고 싶지 않을 때가 수백 번이다. 그러니 타인의 선택이 내게 미친 악영향으로 늘 괴롭게 마련이지만 어떻게 할 도리는 뾰족이 없고, 어느샌가 상황을 합리화하거나 거짓을 진실로 받아들이는 습관을 갖게 된다. 회사생활도 그렇고 남녀관계를 포함한 많은 인간관계도 마찬가지다. 업보는 전생의 죄가 아니라 습관화된 잘못된 사고방식이라는 말처럼 말이다.

비극적인 운명의 한 여자가 있었다. 그녀의 전 남자친구는 강도에 의해 살해됐다. 그녀는 언제나 그가 자신을 만나지 않았더라면 죽임을 당하지 않았을지 모른다고 자책했고, 끊임없이 괴로워했다. 심지어 자기는 주변 사람들을 병들게 하고 다치게 하는 저주에 걸렸다고도 생각했다. 시간이 흘러 그녀는 자신을 아끼는 좋은 남자를 만났지만 불안과 걱정 때문에 마음의 문을 열 수 없었다. 남자는 그녀를 깊이 사랑했고 하루빨리 결혼하기를 바랐지만 이내 비극적인 운명으로 치달을 거라는 생각에 굴복하고 말았다. '이 사람을 정말로 사랑하지만 상황이 더 나빠지기 전에 이쯤에서 헤어지는 게 좋을 것 같아…'.

결국 그녀는 혼란스러운 감정을 극복하기 위해 하와이에서 일주일간 운영되는 코칭 프로그램에 참석하기로 결심했다. 그녀가 하와이로 떠난다고 하자 남자친구는 그것을 이별로 간주해 떠나지 말라고 간청했다. 심지어 그녀를 잡고 싶은 마음에 떠나면 둘의 관계는 끝이라고 으름장을 놓기도 했다. 하지만 그녀는 "이미 끝났어"라고 차갑게 말을 던진 후 하와이로 떠났다.

그녀가 참석한 코칭 프로그램의 특징은 마음속에 일어나는 여러 감정들을 정복하는 것이었다. 훈련이 막바지에 다다를 무렵 코치들은 참가자들에게 다양한 극단적인 상황을 제시하며 그 순간 마음속에서 일어나는 선택들을 행동으로 옮기도록 요구했다.

"만약 9일 후에 죽는다면 당신은 누구에게 전화를 하겠습니까? 그리고 그에게 무슨 말을 하겠습니까? 무엇을 하겠습니까?"

'내가 만약 곧 죽는다면…' 이라고 생각하자 그녀는 자연스럽게 남자친구가 떠올랐다. 진심으로 그를 사랑했고 함께하고 싶었다. 그날 밤 그녀는 코칭 프로그램을 마치고 남자친구에게 전화를 걸었다. 여섯 시간의 시차로 인해 남자친구가 잠든 시간이어서인지 전화가 연결되지 않았다. 그만 끊을까 하다가 지금 용기가 들었을 때 말해야겠다는 생각에 음성 메시지를 남겼다.

"사랑해. 나도 당신과 결혼하고 싶어. 이런 내 마음을 자기가 꼭 알았으면 해. 내가 바보 같았어."

전화를 끊고 나니 갑자기 그리움이 밀려들어 목이 메었다. '이토록 좋아하고 보고 싶고 사랑하는데 왜 지금까지 그에게 내 감정을 알려주지 못했을까….' 그녀는 진심으로 행복했다. 아무 일도 일어나지 않았는데도 가슴이 두근두근 터질 것만 같았다. '아, 이런 것이 행복인데! 나는 스스로 행복을 멀리하려 애썼구나.' 스스로에게 원망마저 들었다. 돌아가면 그와 당장 결혼하겠노라 다짐도 했다. 행복의 눈물을 흘리며 그녀는 기분 좋게 잠들었다.

남자친구가 그녀에게 전화를 걸어왔을 무렵 하와이는 새벽 3시였다. 그녀는 이미 잠들어 있었다. 음성 메시지에 남겨진 남자친구의 목소리는 떨렸다.

"자기야, 나 이걸 어떻게 전해야 할지 모르겠어. 자기는 나한테 세상 최고의 선물을 줬어. 내가 그토록 듣고 싶어 하던 말… 들려줘서 정말 고마워. 아… 나 정말 어떻게 이걸 말해야 할지 모르겠다. 자기야… 난 이제 곧 죽어."

그때 남자는 월드트레이드센터에 있었다. 2001년 9월 11일, 테러리스트의 공격으로 무너져 내리던 마지막 순간의 건물 안이었다. 그리고 그녀가 사랑한 또 한 남자가 죽음을 맞이하는 비극적인 순간이었다. 이 사건은 실화다. 그녀가 래리킹 쇼에 출연해 녹음된 육성을 들려주며 전한 이야기다. 하지만 그녀는 말했다.

"만약 그때 내가 그에게 진심을 이야기하지 않았다면 평생 후회하며 살았을 거예요."

지금 당장 무엇을 선택하라는 말이 아니다. 선택을 미루면 후회할 테니 지금 당장 결단을 내리고 행동하라는 말을 하려는 것도 아니다. 물론 그것은 정말 중요하다. 하지만 진짜 하고 싶은 이야기는 다른 것이다. 당신이 과거의 부정적인 경험이나 상처 때문에 당면한 고민이나 생각들을 지나치게 왜곡해서 받아들이지는 않느냐는 것이다. 지금의 일은 과거의 일과 아무런 상관이 없는데도 그것이 현재에 지대한 영향을 미치고, 심지어 그것을 운명과 결부시키면서 미래까지 속박하곤 한다.

지금 마음속에 일어나는 솔직한 내면의 이야기에 조금 더 귀를 기울여 보자. 나는 내면의 이야기에 얼마나 자주 그리고 주의 깊게 귀를 기울이는지, 내 안의 내가 이야기하는 끌리고 들끓고 쏠리는 것은 무엇인지 말

■ TED 액티브는 TED에서 전파된 아이디어를 실현하고 행동으로 옮길 수 있는 사람들을 한자리에 모으기 위해 기획된 이벤트로서, 매년 많은 시도와 혁신이 줄을 잇는다.◆

이다. 지금 이 순간 고통스럽고 괴롭다면 자기 자신과 조용히 대화를 나눠보자. 그것만으로도 충분할 수 있다. '괜찮아, 이건 아무것도 아니야' 라는 말보다 '너는 지금 무엇을 원하니?' 라고 자꾸 물어보자. 바로 지금 이 순간 당신의 소중한 사람이 여러분을 기다리고 있을지 모르니까.

지금까지 TED를 통해 열린 마음으로 상대의 모든 것을 인정하고 받아들이는 것이 얼마나 중요한지 배웠다. 그것은 곧 내게 상대가 겪은 수많은 경험과 그가 지닌 생각과 에너지를 흡수하도록 돕는 일이다. 조직의 관점에서 보면 구성원들을 움직이게 하고 그들의 열정을 달굴 비결

◆ http://www.flickr.com/photos/pamelavalentine/5504192260/

을 배울 수 있다. 바로 구성원들의 마음을 자극할 특별한 의미를 부여해 주고, 그들이 힘을 합쳐 움직일 수 있는 플랫폼을 만들어주는 것이다. TED 액티브처럼 말이다. 그리고 개인이든 조직이든 모두에게 통용되는 메시지는 일단 '만나라' 는 것이다. 온라인이든 오프라인이든 숱한 사람, 지식, 정보, 생각과의 만남은 그 자체로 자극이자 동기 부여가 된다. TED는 믿고 또 스스로 증명해낸다.

열정은 호기심에서 나오고, 호기심은 아이디어를 창출하며, 그 아이디어가 세상을 바꾼다! 이 세상을 더 나은 곳으로 만들기 위한 관심과 아이디어는 바이러스와 같아서 사람들의 호기심을 만나면 무한대로 퍼져나간다. 그리고 이 아이디어들이 수많은 사람들 사이로 퍼져나가면서 세상을 변혁시키는 힘으로 자리 잡는다.

Chapter 10

모든 것의 시작과 끝이 일어나는 곳

: 복합 컨퍼런스 SXSW

"우린 다시 만나게 될 걸세, 친구"

전 MIT 교수이자 로드아일랜드 디자인스쿨RISD의 존 마에다John Maeda 총장은 한국이 당면한 상황을 어떻게든 풀어내는 데 기여하고 싶다고 바람하는 내게 빙긋이 웃으며 어깨를 툭 쳤다.

그는 자신의 패널 프로그램에서 마리나 샌프란시스코 과학관장과 함께 흔히 인문학이라고 하는 리버럴 아트Liberal Art란 '서로 다름을 연결하는 방법을 배우는 학문' 이라고 규정하며 좌중을 압도했다. 인문학이란 무엇인가? 창의성이란 무엇인가? 이 질문들에 대해 그럴듯하고 거창한 정의들이 거론됐지만 코끼리 다리 만지기란 느낌을 지울 수 없었다. 존 마에다 총장은 그 모든 것들을 관통하는 깊은 통찰력이 인문학이라고 정의했다. 미술, 음악, 연극 등 모든 예술은 결국 우리가 느끼지 못하던 것들을 느낄 수 있는 차원으로 옮겨놓는다. 그 속에서 우리는 보지 못했던 것을 보고 느낀다. 역사를 공부하고, 철학을 배우는 것 자체만으로는 경계의 서로 다른 것들을 연결하지 못한다. 존 마에다 총장의 말을 듣는 순간 한국의 여러 인문학 강좌를 들으면서 느꼈던 아쉬움이 한꺼번에 해소되는 기분이었다. 이런 멋진 사람을 일주일 동안 계속해서 만나고 얘기할 수 있는 곳에 나는 지금 와 있다.

SXSW는 미국 텍사스 오스틴에서 열리는 세계 최대 규모의 복합 축제 컨퍼런스로, TED와 더불어 양대 혁신 주체로 주목받는다. 1987년 시작한 이래 상당한 영향력을 발휘함에도 국내에 거의 알려지지 않은 이유는 음악 축제로 출발한 태생적인 이유에 기인한다. 한국의 자라섬 재즈 페스티벌처럼 SXSW는 전 세계 음악가들이 한자리에 모여 음악을 경연하고 향연하는 페스티벌이었다. 그러다가 1994년부터 영화, 연극 등 예술 전반과 멀티미디어 영역으로 프로그램 분야가 확대되면서 티핑포인트를 맞는다.◆

1995년부터는 외부에 알려진 적 없는 최첨단 기술들이 격전을 벌이는 인터랙티브 영역을 포함하는 형태로 성장했고 트위터, 포스퀘어Foursquare 등의 인터넷 스타 서비스들이 SXSW를 통해 발굴된 다음 대성공을 거뒀다. 2007년 트위터는 SXSW에 참여한 사람들이 그날그날의 느낌들을 기록할 수 있도록 이벤트를 준비했다. 그 방법이 획기적이었

◆ 박찬욱 감독의 영화 「올드보이」도 SXSW에 소개되면서 세계적으로 알려지게 됐다. 2007년에는 영화제 폐막작으로 「싸이보그지만 괜찮아」가 상영돼 화제가 됐다. 또한 YB밴드는 SXSW의 크리에티브 디렉터인 브렌트 그룬케의 적극적인 추천으로 2007년, 2008년 페스티벌 무대에 올라 공연을 했다.

다. 부스를 마련해 눈길을 끌거나 홍보물을 나눠준 게 아니라 대형 브라운관을 설치하고 트위터에 올라오는 이야기를 실시간으로 공개했다. 이 재미난 서비스를 체험한 사람들은 지인들에게 트위터로 알리기 시작했고, 입소문이 나자 매체들도 주목했다.

더욱 흥미로운 사실은 트위터와 포스퀘어가 서로 시너지를 발한다는 것이다. 트위터는 추천할 만한 프로그램이나 스타트업들을 순식간에 입소문을 타도록 만들었고, 여기에 포스퀘어가 연동해 맛집이나 가볼 만한 장소를 소개하면서 두 서비스가 서로 시너지를 일으켰다. 생각과 생각이 만나 시너지를 발하는 컨퍼런스 SXSW, 그리고 거기서 발굴된 서비스 간의 시너지. 이것이야말로 시너지가 꼬리에 꼬리를 물고 이어지는 형국이 아닌가. SXSW는 2011년부터 교육 부문도 신설해 마찬가지로 수많은 스타트업과 아이디어 들이 경연을 벌이는 현장으로 자리잡았다.

SXSW의 참가 인원은 매년 4만 9,000명 정도다. 수많은 사람들이 먹고 자고 즐기고 노는 이곳의 경제적 가치는 얼마나 될까. 오스틴에서는 1억 6,000천만 달러, 우리 돈으로 2,000억이 넘는다고 추정한다. 5만 명에 달하는 사람들이 오스틴을 방문하고 숙소를 잡고 하루 종일 음식을 먹고 도시 서비스를 이용하니 그럴 만도 하다. SXSW가 벌어질 때만 볼 수 있는 진풍경도 있는데, 현대판 인력거 서비스, 릭샤rickshaw가 그것이다. 이동할 때는 항시 대기 중인 릭샤를 이용할 수 있다. 지나가는 릭샤 옆의 QR코드를 스캔해두었다가 부를 수도 있다.

워낙 새로운 생각과 아이디어가 뿜어져 나오다 보니 SXSW에서는 간

■ SXSW에서는 이동 시 현대판 인력거 서비스인 릭샤를 이용하면 편리하다.

혹 당혹스러운 서비스도 등장한다. SXSW 2012에서는 '인간 와이파이 핫스팟'이 등장해 논란이 됐다. 와이파이 핫스팟이란 공유기를 이용한 무선인터넷 접속이 가능한 지역을 뜻하는 말로, 일반적으로 '와이파이를 통해 인터넷을 할 수 있는 지역'을 일컫는다. 이때 핫스팟 공유기는 보통 시설물에 설치되는데 SXSW에서는 사람들이 핫스팟 역할을 맡았다. 영국계 광고회사인 BBH는 노숙인들에게 휴대용 공유기를 소지하게 했다. 그들이 입은 티셔츠에 적힌 계정으로 접속하면 속도가 빠른 4G LTE 통신을 이용할 수 있도록 한 것이다. 인간을 도구화한 데 대한 비난이 쏟아지긴 했지만 어떤 상상이든 가능하며, 상상이 곧 현실이 되는 SXSW의 특성을 잘 보여주는 사례 중 하나다.

SXSW 2011에서 소개된 기술 중에 '소나'가 있었다. 내 친구가 지금 어디에 있고, 무엇을 하고, 심지어 무슨 말을 하는지까지 알 수 있는 아이폰 앱이다. 이것만으로도 충분히 놀랍고 일견 무섭기도 한데 여기서 끝이 아니다. 소나는 다양한 소셜미디어 정보(트위터, 포스퀘어 체크인, 인스타그램 사진 등)를 검색해서 서로 어울릴 법한 사람들 간의 공통점을 찾는다.

예를 들면 이런 식이다. 내가 커피숍에서 커피를 마시며 소나를 가동하면 소나는 즉시 내 친구가 근처 레스토랑에서 밥을 먹고 있다는 사실을 탐지한다. 또한 포스퀘어에 체크인한 또 다른 사람이 내가 아는 사람의 페이스북 친구(내 친구도 아니고!)라는 사실도 알아낸다. 여기에 더해 그가 나와 동종업계에서 일하며 내가 좋아하는 TV 프로그램에 대한 글을 트위터에 올렸다는 정보까지 대령한다. 이쯤 되면 이 앱이 슬슬 무서워지지만, 어쨌거나 활용도는 대단하다. 내가 "안녕하세요, 저는 ○○의 친구고 당신과 같은 업계에 있습니다"라는 트윗을 그에게 보내면 이때부터 대화는 디지털에서 현실로 자연스럽게 옮겨온다.

SXSW는 대단한 규모의 사람들이 모여드는 만큼 엄청난 이야기가 오가고, 이로써 폭발적인 에너지가 만들어진다. 그곳에서는 새로움이 시작되기도 하고 아이디어가 완성되기도 한다. 그야말로 모든 것의 시작과 끝이 공존하는 공간인 셈이다.

괴짜 '혹은' 천재? 괴짜'이자' 천재!

아무런 정보 없이 SXSW를 들른다면 참가자들의 면면에 놀랄 것이다. 트렌드를 바꾸고 혁신을 주도할 새로운 생각과 기술, 제품을 선보이는 컨퍼런스라고 하면 흔히들 그리는 그림(세련되고 감각적인 복장의 지식인들이 모여 '고품격' 대화를 나누는 장면)과는 전혀 다른 광경이 펼쳐지기 때문이다. SXSW에 참여하는 많은 사람들은 스키니진을 입고, 래퍼들이 입을 법한 화려한 문양의 티셔츠 차림이다. 문신을 한 사람들도 어렵지 않게 만난다. 외양만 놓고 보면 콘서트 장을 찾은 가수와 관객 같지만 이들 대부분은 각계각층의 전문가들이다.

옷차림만 보면 영락없는 괴짜다. 사실 생각도 발상도 괴짜에 가깝다. 단, 멋지고 스마트한 괴짜랄까. 한 예로 벤 실버맨Ben Silverman을 살펴보자. 그는 SNS 시장에서 다크호스로 떠오른 핀터레스트Pinterest의 공동 창업자 겸 최고경영자다. 『로이터』는 2012년 3월 '페이스북과 트위터는 조심하라! 여기 핀터레스트가 온다'는 제목의 기사를 게재했다. 핀터레스트의 열풍을 단적으로 보여주는 사례 중 하나라 하겠다.

핀터레스트는 관심 있는 정보만 골라 가입자끼리 공유하는 신개념 서비스다. 음식, 패션, 건강, 건축 등의 카테고리 가운데 원하는 분야를 선택해 가입자 간 정보를 공유할 수 있는 것이 특징이다. 사용자는 수공예, 요리법 등 관심 있는 분야와 관련한 이미지를 등록하거나 다른 사람이 올린 이미지를 보면서 댓글을 남길 수 있고, 자신의 공간에 스크랩할 수도 있다. 2011년 7월 100만 명에 불과하던 방문객은 2012년 2월 무

©Thomas Hawk

■ 트위터, 페이스북을 잇는 차세대 SNS 핀터레스트(좌)는 웹 공간에 있는 정보를 이미지로 공유한다. 2008년 에반 샤프, 벤 실버맨(우), 폴 시에라가 함께 만들었다.

려 2,000만 명을 기록했다.

벤 실버맨은 이 성공적인 서비스를 고안한 주인공이다. 예일대학교 출신으로 2009년 말까지 구글에서 근무했다. 그의 괴짜적 측면은 처음 아이디어를 얻은 당시 발견됐다. 바로 냉장고의 메모판을 보고 창조적 아이디어를 떠올린 것이다. 어느 날 냉장고에 붙어 있는 사진과 메모지에 호기심이 발동했다. 어느 집에서나 쉽게 볼 수 있는 풍경으로 별 생각 없이 지나칠 수 있었지만, 그는 그 사소한 장면에서 새로운 아이디어를 이끌어낸 것이다.

'그래, 냉장고에는 흔히 내가 관심 있는 것, 계속 보고 싶은 것을 붙여놓지. 그걸 온라인에 활용한다면 관심사가 비슷한 사람들끼리 모여서 이야기 장을 펼칠 수 있을 거야.'

그의 예상은 적중했다. 특히 핀터레스트는 이용자가 머무는 시간이 다른 사이트에 비해 길어서 광고주들에게도 크게 각광받았다. SXSW

2012에 참석한 실버맨은 핀터레스트에 대해 다음과 같이 설명했다.

"이용자들이 원하면서도 미처 깨닫지 못했던 걸 발견할 수 있다는 게 강점입니다. 이용자들은 우리가 모르는 기능까지 찾아내 활용해요. 도리어 저희가 놀라죠."

SXSW 2012에서 소개된 코렐레이트Correlate도 괴짜가 만든 또 다른 천재적 서비스 중 하나다. 코렐레이트는 전자 메일 분석 도구로, 받은 편지함과 연계돼 수신되는 모든 전자 메일을 관리하는 비서 역할을 한다. 메일의 내용과 발신인에 따라 라벨을 붙이고, 플래그를 지정하고, 범주를 나눠 분류한다. 여기에 더해 메일에 담긴 주요 테마를 알려줌으로써 수신인이 메일을 읽기 전에 미리 내용을 유추할 수 있도록 돕는다. 수없이 쏟아지는 메일의 홍수에 파묻힌 현대인들이 열렬히 환호할 만한 도구다. 코렐레이트의 개발사인 IB5K는 2008년 대통령 후보였던 버락 오바마 진영에 비슷한 종류의 도구를 제공하기도 했다.

천재적 괴짜들을 통해 알 수 있는 사실은 분명하다. 남들이 하지 않았던 것, 보지 못했던 것, 생각지 않았던 것, 그래서 생경하고 낯설고 독특해 다른 사람들이 거부했거나 타박받았던 것이 결국은 모두에게 환호받고 열광을 끌어낼 수 있다는 것이다. 대표적인 인물이 파란만장하고 무모한 도전을 일삼아 괴짜 CEO라고 불리는 리처드 브랜슨Richard Branson 버진 그룹Virgin Group 회장이다. 그는 난독증 때문에 고등학교를 중퇴했지만 '창조경영의 아이콘'으로 우뚝 섰을 뿐 아니라 『타임』이 '지구를 구할 영웅'으로 평가할 만큼 환경문제에 적극적으로 나서는 존경받는 기업가다. 그는 '기업가 정신이란, 개인이 갖고 있는 흥미로운 생각을 비

©NIKOLAOS CHATZIS

■ 창조경영의 아이콘, 리처드 브랜슨. 『타임』은 예상을 뛰어넘어 신선한 도전을 즐기는 괴짜 CEO를 '지구를 구할 영웅'으로 선정했다.

즈니스로 전환해 세상을 즐겁게 만드는 것'이라고 정의한다. 회사명의 배경 역시 흥미롭다.

"내가 도전하는 이유는 버진이라는 브랜드 때문이다. 이제껏 사람들이 발을 들여놓은 적 없는 곳에 도전한다는 의미의 브랜드 가치를 실천하는 것이다."

SXSW에는 브랜슨과 같은 생각을 가진 괴짜들이 넘쳐난다. 그래서 새로운 기술, 새로운 생각, 새로운 세상이 무한히 펼쳐진다.

열정과 창의는 얼마든지 교육될 수 있다

흔히 열정과 창의는 개인의 특출한 기질이나 능력으로 여긴다. 강요한다고 해서 발현되는 것도, 가르친다고 해서 습득되는 것도 아니라고 생각한다. 하지만 열정과 창의도 얼마든지 교육될 수 있다. 문제는 '어떻게' 교육하느냐에 달려 있다.

SXSW Edu 2012에서는 교육 환경의 혁신에 관한 관심이 주된 이슈였다. 대표적인 것이 OER[Open Education Resource]이다. 실무적 관점에서 교사들이 학생들의 교육을 선도하고자 할 때 정작 교사들을 지원할 도구가 별로 없다는 지적에서였다. 예를 들어 교사가 학생들을 위한 맞춤 수업을 위해 팟캐스트를 운영하려고 하면, 당장 해당 콘텐츠를 올려놓을 수 있는 서버는 물론 영상이나 음성을 편집하기 위한 도구들을 직접 구매해야 한다.

텍사스 주는 TEA[Texas Education Agency]라는 교사들을 위한 OER 환경을 제공한다. 특별한 것이 아니라 산업 전반에서 널리 쓰이는 인터넷 서비스들을 무료로 사용할 수 있도록 제공하는 것이다. 파일 공유 서비스인 드롭박스, 마인드맵 도구들, 각종 구글 앱 서비스 등을 자유롭게 등록해 교실 내외부에서 마음대로 사용할 수 있다. 특정 도구들을 사용하는 방법은 교사들끼리 그리고 다양한 사회적 네트워크의 연대를 통해 스스로 배울 수 있지만 이런 교육 리소스들처럼 비용이 주기적으로 발생하는 부분에 대해 주정부가 부담하는 것이다. 이 점은 한국의 교육 시스템에 시사하는 바가 크다. 대학에서 OCW[Open Course Ware]를 만들어 일반인들에게 공익적 가치를 제공하자고 주장해도 정작 OCW를 개방할 수 있는 서버를 포함한 환경이 없어 이용하지 못하는 부분도 크기 때문이다.

한편 존 마에다 총장과 마리나 맥두걸Marina McDougall 샌프란시스코 과학관장은 현재 미국이 채택한 교육 개혁의 핵심인 스템STEM(사이언스, 테크놀로지, 엔지니어링, 매스매틱스)에 리버럴 아트를 더한 '스팀STEAM'으로 발전시켜야 한다고 주장했다. 한국의 교육 혁신 프로그램이 스템을 모티브로 해서 예술을 추가한 스팀이라는 점에서 이 부분은 대단히 흥미로운 지적이다. 마에다 총장의 주장은 이렇다.

"과학이나 기술, 수학을 아무리 잘해봐야 MP3 플레이어는 만들지 몰라도 아이팟은 만들지 못한다. 대중과 시장이 선택하는 제품이나 서비스는 기능이 더 우수하고 저렴하기 때문이 아니라 인간의 마음 속 욕구를 얼마나 깊이 이해하고 그것을 끌어내느냐가 핵심이다. 스템은 과학기술자나 엔지니어를 양산하는 도구라는 한계가 때문에 예술에 관한 새로운 인식을 추가해야 한다."

여기에 마리나 샌프란시스코 과학관장은 예술에 관한 새로운 정의를 제공했다. 왜 예술이 필요한가. 왜 인문학이 필요한가. 사실 이에 관해 우리는 명확하게 정의를 내리지 못했다. 하지만 그녀는 예술에 대해 무엇인가를 이해하고 배우는 능력을 키우는 활동이라고 정의했다. 새롭거나 다른 무엇을 이해하고 수용할 수 있는 형태로 이어 붙이는 능력을 배양하는 학문이 예술이라는 것이다. 쉽게 말하면 공대생이 수학, 과학을 아무리 열심히 공부해도 스티브 잡스가 될 수는 없다는 뜻이다. 한국의 예술을 포함한 문화 산업 전반이 왜 침체기를 벗어나지 못하는가. 다름을 이해하고 배우는 능력을 익히지 못했기 때문이라는 말이다. 결국 사람들이 열광할 만한 마음의 본질을 이해하는 방법을 교육에서 제공해야 하는 이유인 것이다.

여기에 더해 소냐 갈라드Sonia Gaillad nVentia 매니징 디렉터는 앙트프러너십도 교육 과정의 일부로 넣어야 한다고 강력하게 주장했다. 기업가 정신을 교육과정에 포함시켜 아이들은 자신감을 키우고 어른들뿐 아니라 또래, 나이 많은 친구들과 의사소통하는 방법과 상호협력하는 방법을 스스로 배우게 하자는 것이다. 이것이야말로 오늘날 근로 환경에 결핍된 '비판적 사고 능력'을 키움으로써 무한경쟁 시대에 창의성을 확보하는 수단이 되기 때문이다. 이것은 돈을 버는 방법을 가르치는 것과는 다른 차원의 문제다. 이제 교육은 문제를 어떻게 바라볼지, 어떻게 의사소통하고 협력할지 등을 가르쳐야 한다.

안 던컨Arne Duncan 미 교육부 장관은 SXSW Edu의 마무리 키노트를 통해 공교육이 기술적 변화들을 따라잡지 못해 압력을 받고 있음을 지적했다. 테크놀로지는 교육의 기본 플랫폼이어야 하고, 교육현장에서 선택하고 말고의 선택 사항이 아니라 글로벌 경쟁 환경에서의 자신감을 확보하는 진입점이라고 강조했다. 던컨 장관은 기술은 아이들에게 긍정적이고 몰입하게 만드는 요인을 제공한다는 사실을 놓치면 안 된다고 주장했다. 그녀는 딸이 스카이프를 통해 외국에 있는 학생들과 통화하는 것을 보면서 어른들이 이 아이들에게 중세시대의 교육을 주입하려 한다는 사실을 깨달았다고 한다. 그러면서 기술은 산적한 교육의 현안들에 대한 유일한 해결책이며, 장기적 관점에서 비용 구조를 절감할 수 있는 유일한 수단이라고 주장했다. 이제 교육 과정도 현 세대의 과제들을 반영하는 형태로 들어가야 하며, 여기에는 앙트십 프로그램도 포함돼야 한다고 강조했다. 인도, 중국 등은 이미 엄청난 속도로 앙트 프로그램을 교실에 도입하고 있다. 머지않아 과거 중국과 소련이 과학기술로 경쟁했던 것처럼 여기서도 마찬가지 일이 벌어질 것이라고 말했다.

교육에 대한 담론과 아이디어, 주장은 각기 다른 내용을 담고 있지만 기본이 되는 생각은 하나다. 교육을 통해 아이들의 창의를 유발하고 열정을 촉진하는 일이 가능하다는 것이다. 역으로 말하면, 열정과 창의는 학습될 수 있다. 미처 타고나지 못했다고 절망하거나 한탄할 일이 아니라는 뜻이다. 누구든 배우려고만 한다면 얼마든지 체득할 수 있다.

주도권을 주면 누구나 주인이 된다

버지니아 공과대학의 존 보이어John Boyer 교수는 무려 3,000명이 넘는 학생들과 역사를 주제로 한 학기 수업을 진행한다. 강당에 3,000명이 모여 있다고 상상해보자. 관심사, 학습법, 학업 성취도 등이 저마다 다른 학생들을 어떻게 가르칠까. 주입식 강의는 애초에 불가하다.

존 보이어 교수는 수많은 학생들이 엄청나게 열광하면서 몰입할 수 있는 자기주도 방식의 새로운 교육 프로그램을 시도했다. 핵심은 현재 벌어지고 있는 세계의 진짜 정세를 가상의 영웅 '플레이드PLAID'가 모험을 벌이며 엮어내는 어드벤처 게임으로 바꾼 것이다. 즉 가짜 현실과 진

■ 학생 3,000여 명 앞에서 역사 수업을 진행 중인 버지니아 공과대학의 존 보이어 교수.

짜 현실을 적절히 섞어놓고 학생들이 경험하게 한다. 예를 들면 트위터나 페이스북에서 푸틴 대통령, 오바마 대통령, 이명박 대통령 등의 정치 지도자들이 여러 정세와 관련된 이야기들을 마치 진짜처럼 주기적으로 흘려보낸다. 때로는 서로 다투고 비방하기도 한다. 이때 지도자들이 제공한 정보 속에는 국제정세의 역학을 이해할 수 있는 다양한 힌트가 숨어 있다. 사정을 모르는 사람들은 진짜 러시아 대통령이 트위터로 소통한다고 생각하고 흥분해서 주변에 알리는 해프닝이 일어나기도 하고, 학생들이 공식 플레이드 본부인 것처럼 거짓 트위터 계정을 만들어 다른 학생들을 속이기도 한다.

또한 플레이드로 분한 교수는 각종 정세에 관한 정보들을 홈페이지에 제공하고, 새로이 올라오는 뉴스들을 실시간으로 추적한다. 온라인만 이용하는 것이 아니다. 수업 중간에 007 비밀 지령처럼 파편으로 제공되는 정보들을 참고해 관심사에 따라 각자의 방법으로 역사적 사실들을 추적한다. 수업에 이용되는 각종 참고 교재들을 비롯해 행정 사무실 등 모든 환경들이 실제 모험을 체험하고 지원하는 수단으로 이용된다. 책의 내용은 그저 객관적인 정보 수준이 아니라 각종 이해관계와 이로 인한 행동들을 분석한다. 학생들은 교재를 공부하며 각종 미디어를 통해 생산되는 세계 각국의 움직임들을 심도 깊게 이해하게 된다.

이런 프로그램을 가동하는 이유는 오직 하나다. 학생들에게 학습 주도권을 부여함으로써 그들이 자발적이고 열성적으로 수업에 참여하게 만들기 위해서다. 교수나 교사가 전달하는 지식을 그저 수동적으로 받아들이는 것이 아니라 학생이 스스로 나서서 적극적으로 지식 탐험에 앞장서는 것이다. 이와 관련해 보이어 교수는 말한다.

"지금까지 우리는 한 가지 방법으로만 교육을 했다. 일방적인 강연, 인터넷 스트림으로 그저 시청하는 것. 사람들이 어떻게 그런 대규모의 온라인 코스를 운영할 수 있느냐며 대단하다고 말하는데, 이런 환경에서 그저 인터넷 비디오를 보라고 하는 것은 말도 안 된다. 나는 학생들이 세상에서 일어나는 일들을 제대로 이해할 뿐 아니라 수십억 인류와 진짜 호흡하도록 만들어주려는 것이다. 이것을 가능하게 해주는 훌륭한 소셜미디어 도구들이 수없이 많다. 나는 학생들이 세계와 연결할 수 있도록 도와줄 뿐이다. 하지만 학생들은 이 과정에서 짜릿한 흥분을 느낀다."

위 사례를 통해 또 하나의 에너지 법칙을 발견할 수 있다. 바로 주도권을 주면 누구나 주인이 된다는 사실이다. 주체성은 열정의 주요 동기

중 하나다. 그리고 주체적인 사람들이 만나면 놀라운 시너지를 빚어낸다. 존 보이어 교수는 SXSW 2012에 참석해 어떤 일이 이루어지기 위해서는 많은 사람들이 계속해서 만날 수 있는 멍석을 만드는 것이 대단히 중요하다고 지적했다.

"아이디어가 진짜 행동으로 이어지려면 각종 파티와 진짜 소셜 네트워킹 등에서 펼쳐지는 사람들과의 이야기가 중요하다. 생각해보라. 이런 곳에서 훌륭한 아이디어가 생기고 일이 만들어진다. 전 세계 많은 곳에서 모인 사람들끼리 이야기를 하다보면 거기서 반짝 아이디어가 생기고 서로 돕고 상호작용을 하면서 그 아이디어는 진짜 창조된다. 그리고 좋아, 우리 일 한번 벌려보자! 하게 되는 것이다. 그것이 SXSW가 성장하는 이유다."

실제로 SXSW는 수많은 벤처 투자가와 신생 기업가, 각종 멘토와 배움을 원하는 사람, 교육자 등이 한데 어우러져 아이디어와 경험을 경연한다. 특히 스타트업들은 자신의 서비스를 소개하기 위해 홍보 전쟁을 벌이는데, 그러다보니 행사장 곳곳이 온갖 벽보로 도배가 되곤 한다.

사실 SXSW는 참석한 사람들의 성향은 매우 열정적이다. 100만 원이 넘는 행사 비용을 지불하고 일주일 이상 휴가를 내면서까지 찾아온 이들은 생각과 행동의 간격이 짧은 사람들이다. 현장에 모인 사람들은 생각한 것들은 실현해봐야 직성이 풀리고, 직접 겪어보고 괜찮다 싶으면 최선을 다해 입소문을 만들어낸다. 4만 9,000명 중 구경꾼은 단 한 명도 없다. 모두가 적극적으로 행사에 참여해 축제를 즐기고, 색다른 도전을 감행하고, 새로운 가능성을 열어젖힌다. 이들이 이처럼 열렬하게 행

©Albara Alohali

■ '상상 그 이상이 실현되는 곳, SXSW는 세계 최대 규모의 복합 축제 컨퍼런스답게 참가자들의 면면이 화려하다. 외양만 보면 콘서트장을 찾은 사람들 같지만 대부분은 각계각층의 전문가들이다.

사에 참여할 수 있는 이유는 모두가 행사의 주인이라는 주체의식 덕분이기도 하지만 중요한 요인이 더 있다. 바로 연결자의 수다.

내적 동기는 연결자의 수에 비례한다

SXSW Edu 2012에서 포트벤드 ISD의 교육기술전문가 레이첼 우튼Rachell Wooten은 사람들의 내적 동기와 관련해 연결자의 수의 중요성을 피력했다. 사람은 자신의 이야기에 관심을 보이는 사람이 많을수록 자기가 하는 일에 내적 동기가 강하고 더 높은 사명감을 갖는다는 것이다. 즉 SXSW의 참가자들이 열정과 활기로 넘치며 끊임없이 새로운 아이디어를 떠올리고 말하는 배경에는 자신의 이야기에 귀 기울이는 수많은 연결자들이 존재하기 때문이다. 앞서 거듭 강조해온 연결의 중요성이 다시 한 번 대두되는 순간이다.

흥미로운 것은 교육과 학습에도 연결자의 수가 중요하다는 사실이다. 이와 관련해 레이첼은 수업에 팟캐스트를 도입할 것을 제안한다. 교사뿐 아니라 학생들이 모두 참여하는 개방형 콘텐츠를 제작하자는 것이다. 팟캐스트는 음성이나 영상을 녹화해 특정 서버나 유튜브 등에 올려두면 구독을 희망하는 사람이 필요할 때 원하는 장소에서 다운로드 받을 수 있다. 요지는 학습의 기본 내용은 수업을 통해 그대로 하되 수업 내용을 이해하지 못했거나 더 깊이 알고 싶은 학생들을 위해 별도로 팟캐스트를 만들어 제공하는 것이다. 팟캐스트는 교실 내의 학생들뿐 아니라 외부의 학생들에게도 도움을 주고, 그 내용이 쌓이면 OCR 형태의 주도 학습 콘텐츠로서도 톡톡히 역할을 한다고 설명한다.

더불어 그는 "우리는 개개인이 다른 여러 종류의 학생들을 마주한다. 이 아이들이 스크린 세대라는 사실을 직시해야 한다"고 강조한다. 이 학생들에게 일방적인 정보 제공은 의미가 없다. 그들이 도전하고자 하는 동기의 환경을 만들어줘야 한다. 이것이 교사뿐 아니라 학생도 참여하는 팟캐스트를 권장하는 이유다. 학생들은 진짜 청중을 얻을 때 굉장한 내적 동기를 갖는다. 실제로 데이빗이라는 학생은 자신이 배운 것을 팟캐스트로 만들어 제공했더니 구독자 수가 늘어나는 것을 보며 흥분했고, 이후 전문적인 콘텐츠를 만들어 제공하기 위해 스스로 다양한 기술적 도구들을 배우려고 애썼다.

학생과 교사 들이 참여할 수 있는 콘텐츠는 여기에 국한되지 않는다. 마틴 루터 킹을 비롯해 세계적 리더들의 확산 가치가 있는 명연설들을 직접 녹음하는 것도 좋은 방법이다. 학생들 자신은 물론 그 이야기를 청취할 많은 사람들에게 울림을 제공할 수도 있다. 뿐만 아니라 학생의 집단 왕따와 괴롭힘에 관해서도 학생들이 스스로 멘토가 돼 어떻게 그것을 극복했는지 조언하는 내용을 담을 수도 있다. 어른의 조언보다 또래의 이야기가 훨씬 파급력이 크기 때문이다.

결국 중요한 것은 교육에 있어서든 비즈니스에 있어서든 삶에 있어서든, 내적 동기는 연결자의 수에 비례한다는 사실이다. 그런 만큼 수많은 사람, 수많은 정보, 수많은 지식과 연결하려는 자세, 그리고 연결을 위한 채널이 필요하다. 결국 이야기는 다시 $E=mC^2$으로 귀결된다.

TED와 SXSW로 대변되는 새로운 지식과 창의, 열정과 혁신의 용광로. 이것이 지금 우리가 살고 있는 세상이다. 세상은 뜨겁게 달아오르고 있다. 하나의 이슈에 많은 사람들이 다양한 의견을 펼치고, 그로 인해 혁신적인 생각이 잉태하며 또한 거기에 많은 사람들이 열광한다. 그런데 정작 나 자신은 뜨겁지 못하다. 세상에 발맞추지 못한다는 열패감과 좌절감에 허덕이는 사람이 적지 않다. 그 열기에 어떻게 동참할 수 있을까? 나는 어떻게 해야 달아오를 수 있을까? $E=mC^2$은 바로 그 의문에 대한 가장 적합한 답이다. 열정을 증폭시키기 위한 이 공식은 당신의 잠든 머리와 가슴을 깨워 열정과 창의의 불을 지필 것이다.

다시 한 번 정리하자면 새로운 세상을 이끌 혁신과 창의, 열정의 에너지는 호기심을 갖고, 사람들과 연결하려 노력하며, 자기 주도로 공동의 무엇인가를 만들어내고자 애쓰고, 서로 간의 내적인 소통이 가능하도록 하는 채널을 만들며, 함께 공동의 미래를 만들기 위해 자발적인 상호협력을 할 때 탄생한다.

| 나오며 |

연결이 답이다. 먼저 다가가라!

고백을 하려 한다. 줄기차게 열정의 중요성을 갈파한 나는 과연 열정적인 사람일까? 감히 그렇다고 말하고 싶다. 그리고 이렇게 자신하는 이유를 책을 덮기 전에 마지막으로 남기려 한다.

내 열정의 동인은 쌀이다! 어려서부터 아버지가 건강이 안 좋으셨다. '막노동' 을 하며 가정을 꾸리셨는데 아프신 날이 많다보니 쉬는 날이 잦았고, 때문에 늘 가난했다. 당연히 집에 쌀이 떨어지는 날이 허다했다. 식구들의 끼니를 챙겨야 하는 어머니에게 쌀은 도전이었다. 이웃집에서 쌀을 빌려와 밥을 지을 때가 많았고, 이런 사실을 안 아버지는 무기력한 자신에게 화를 내며 밥상을 뒤집어엎었다. 이후 벌어진 일들은 쉽게 짐작이 될 것이다.

이런 상황을 지켜봐야 했던 어린 내가 할 수 있는 일이라고는 우는 것밖에 없었다. 가난과 불행과 절망이 모두 나 때문인 듯 느꼈다. 심지어 '내가 태어나지 않았더라면 이런 일이 일어나지 않았을 텐데' 하고 비

관한 적도 많았다. 당시는 아버지의 무기력과 분노, 나의 절망감 등이 모두 무능력한 개인의 탓이라고만 생각했다.

나중에 성인이 돼 회사에 입사했더니 우리 아버지 같은 사람이 너무 많았다. 힘들어도 아무런 내색을 못하고, 가장 먼저 양보하고, 무조건 참기만 하는 그들에게서 아버지를 확인하는 게 가슴 아팠다. 그들의 잘못, 개인의 무능 때문이 아니라 상황과 시스템의 문제임에도 불구하고 그들은 하나같이 자신을 탓하는 데 익숙했다. 나는 환경을 바꾸고 싶다고 간절하게 바랐다. 그러던 차에 TED를 만났다.

잘 알다시피 TED는 아이디어 하나가 세상을 바꿀 수 있다는 믿음 아래 펼쳐지는 지식 콘서트 장이다. 하지만 그보다 더 중요한 가치는 모든 것은 서로 연결돼 있다는 믿음이다. 단순한 지식 컨퍼런스가 아니라 다양한 열정들을 연결하는 네트워크인 것이다.

처음 파티에 갔을 때를 생각하면 지금도 얼굴이 달아오른다. 외향적이고 사교적인 성격의 나도 많은 사람들 사이에 혼자 덩그렇게 놓이니 긴장하고 당황한 나머지 머릿속이 새하얘졌다. 그 순간 내가 할 수 있는 일이라고는 태연한 척, 자연스러운 척하며 구석으로 가 주변을 살피는 게 전부였다. 그때 파티의 중심이 되는 사람이 보였다. 바로 나에게 먼저 다가와 인사를 건네는 사람이었다.

"안녕하세요. 아, 송인혁 씨. 트위터에서 봤어요. 아직 사람들과 인사 안 하셨죠. 가시죠, 제가 소개해드릴게요."

그는 파티에 모인 사람들을 연결해주고 있었다. 많은 사람들을 연결해주었기 때문에 그는 나를 기억하지 못할 테지만 나는 그를 또렷이 기억한다. 그 덕분에 나는 금세 파티에 익숙해졌고, 한 번도 느끼지 못한 감동과 열정을 경험했다. 연결을 만드는 일은 가치를 만드는 일이자 그 중심에 서는 일이라는 사실을 그때 비로소 깨달았다.

트위터, 페이스북 등 소셜 네트워크의 발달로 삶의 패러다임이 급격하게 변화하고 있다. SNS를 단순히 기술 발달로만 평가해서는 안 된다. 이제 SNS는 연결을 만들고 가치를 낳는 도구다. 소셜 네트워크 안에 모인 사람들은 누구나 자발적이고 능동적으로 연결의 대열에 참여해 가치를 생산하는 열정가들이다. 이 에너지를 확장하는 일이 시대적 과제로 남았다.

시간이 갈수록 창조경영이 강조된다. 그럴수록 창의력지수, 즉 CQ Creativity Quotient가 주목받는다. 그러나 창의성은 내 안에 있지 않다. Between Us! 바로 우리 사이에 있다. 나와 당신, 당신과 우리 사이, 즉 연결됐을 때 진정한 창조가 일어난다. 연결된 상황을 만나면 성장하고 고무되고 이끌림을 받고 확장되는 느낌을 받는다. 설레고 기대돼 가슴이 뛴다. 창의성, 열정, 사랑 이 긍정적인 가치들은 우리가 생각을 공유하는 사이에서 창발한다. 비로소 내 안에 숨어 있던 열정의 불꽃이 아름답게 터지기 시작하는 것이다.

1600년대 유럽에서 커피를 마시기 시작했다. 그러자 사람들이 하나 둘 거리로 나왔고, 만남이 이뤄졌으며, 문화가 형성됐고, 이어 인류의 역사를 바꾼 혁명이 시작됐다. 연결이 답이다. 먼저 다가가라. 그리고 그의 마지막을 배웅하는 사람이 돼라! 지금 여기서부터.

스파크

지은이 | 송인혁

초판 1쇄 인쇄일 2012년 8월 10일
초판 1쇄 발행일 2012년 8월 17일

발행인 | 박재호
편집 | 이둘숙
마케팅 | 허성권
종이 | 세종페이퍼
인쇄 | 우진제책
출력 | ㈜상지피앤아이

발행처 | 생각정원 Thinking Garden
출판신고 | 제 25100-2011-320호(2011년 12월 16일)
주소 | 서울시 마포구 동교동 165-8 LG팰리스 1207호
전화 | 02-334-7932 팩스 | 02-334-7933
전자우편 | pjh7936@hanmail.net

ISBN 978-89-967929-5-6 03320

• 이 도서의 국립중앙도서관 출판시도서목록(CIP)은 e-CIP 홈페이지
(http://www.nl.go.kr/ecip)와 국가자료공동목록시스템((http://www.nl.go.kr/kolisnet)에서 이용하실 수 있습니다.
(CIP 제어번호: CIP2012003526)
• 책값은 뒤표지에 있습니다. 잘못된 책은 구입하신 곳에서 바꾸어 드립니다.

만든 사람들
기획 | 박재호, 고아라
편집 | 이둘숙
디자인 | 이석운, 최윤선
마케팅 | 허성권